GTB
Gütersloher Taschenbücher
1559

Jochen Friedrich
geboren 1965, studierte Anglistik und Geschichte in Heidelberg und Reading (England) und schließt zur Zeit seine Dissertation ab.

Englische Weihnachtserzählungen

Herausgegeben von
Jochen Friedrich

Gütersloher Verlagshaus

Originalausgabe

Die Deutsche Bibliothek – CIP-Einheitsaufnahme

Englische Weihnachtserzählungen / hrsg. von Jochen Friedrich. –
Gütersloh : Gütersloher Verl.-Haus, 1997
(Gütersloher Taschenbücher ; 1559)
ISBN 3-579-01559-1

ISBN 3-579-01559-1

Umschlaggestaltung: Init, Bielefeld, unter Verwendung einer Illustration von Iliana Caille-Roels, Brüssel/Belgien.
Satz: Weserdruckerei Rolf Oesselmann GmbH, Stolzenau
Druck und Bindung: Clausen & Bosse, Leck
Gedruckt auf chlorfrei gebleichtem Werkdruckpapier
Printed in Germany

Inhalt

Charles Dickens

Ein Weihnachtsbaum

Ich habe diesen Abend damit verbracht, einer fröhlichen Gesellschaft von Kindern zuzusehen, die sich um dieses hübsche deutsche Spielzeug, einen Weihnachtsbaum, versammelt hatten. Der Baum war in die Mitte eines großen, runden Tisches gepflanzt worden und thronte hoch über ihren Köpfen. Mit einer Vielzahl kleiner Kerzen war er festlich beleuchtet, und überall blinkte und glänzte er mit seinem leuchtenden Baumschmuck. Es gab rotwangige Püppchen, die sich hinter den grünen Nadeln versteckten, und es gab echte Uhren (mit beweglichen Zeigern zumindest und der endlosen Möglichkeit, aufgezogen zu werden), die an den unzähligen Zweigen baumelten. Es gab polierte Tische, Stühle, Betten, Schränke, Standuhren und zahlreiche andere Möbelstücke (wunderschön gefertigt, aus Blech, in Wolverhampton), die zwischen die Äste plaziert waren, wie als Vorbereitung für einen Elfenhaushalt. Es gab lustige, breitgesichtige kleine Männchen, die in ihrer Erscheinung wesentlich angenehmer waren als manche wirklichen Menschen – was kein Wunder war, denn ihre Köpfe ließen sich abnehmen und gaben eine Fülle von Leckereien frei. Es gab Fiedeln und Trommeln, es gab Tamburine, Bücher, Werkzeugkästchen, Farbkästchen, Süßigkeitenkästchen, Guckkästchen und überhaupt alle möglichen Arten von Kästchen. Es gab Schmuck für die älteren Mädchen, weitaus glänzender als das Gold und die Juwelen der Erwachsenen. Es gab Körbe und Nadelkissen jeglicher Couleur. Es gab Gewehre, Schwerter und Banner. Es gab Hexen, die in zauberhaften Räumen aus Pappe standen und die Zukunft voraussagten. Es gab Würfel, Brummkreisel, Nadeletuis, Federwischer, Riechflaschen, Spielkarten, Vasen, echte

Früchte, die mit Blattgold künstlich zum Glänzen gebracht worden waren, künstliche Äpfel, Birnen und Walnüsse, die mit Überraschungen gefüllt waren. Kurz gesagt, wie ein hübsches Kind vor mir voller Entzücken einem anderen hübschen Kind, seinem Busenfreund, zuflüsterte: »Es gab alles, und mehr.« Diese kunterbunte Sammlung aller möglichen Gegenstände, die an dem Baum hingen wie magische Früchte und die die leuchtenden Blicke, die von allen Seiten darauf gerichtet waren, widerspiegelten – einige der diamanten-leuchtenden Augen, die alles bewunderten, reichten kaum bis an die Tischkante, und einige schmachteten in zaghafter Verehrung auf den Armen ihrer hübschen Mütter, Tanten und Kindermädchen – stellte eine leibhaftige Verwirklichung aller Kindheitsträume dar. Dies weckte in mir den Gedanken, daß alle Bäume, die wachsen, und alle Dinge, die auf der Erde entstehen, in dieser erinnerungsträchtigen Zeit ihre heftige Bewunderung erfahren.

Nun, da ich wieder zu Hause bin, allein, die einzige Person im Haus, die wach ist, führen mich meine Gedanken mit einer Faszination, der ich nicht widerstehen möchte, zurück in meine eigene Kindheit. Ich frage mich, woran wir uns alle am besten erinnern, an welche Äste des Weihnachtsbaumes aus unseren eigenen jungen Weihnachtstagen, über die wir zum wirklichen Leben kletterten.

Aufrecht, in der Mitte des Zimmers, in der Freiheit seines Wachstums von keiner umschließenden Wand und von keinem bald zu errichtenden Dach eingeengt, erhebt sich der Schatten eines Baumes. Und indem ich in das träumerische Leuchten seiner Spitze blicke – denn ich bemerke in diesem Baum die einzigartige Eigenschaft, daß er nach unten wächst, zum Boden hin –, schaue ich in meine eigenen frühesten Weihnachtserinnerungen.

Zuerst finde ich alle Spielsachen. Dort oben zwischen den grünen Stechpalmenblättern und den roten Beeren ist das Stehaufmännchen mit den Händen in den Hosentaschen. Er wollte nicht auf der Seite liegen, und immer, wenn er auf den Boden gelegt wurde, rollte er seinen fetten Körper beständig umher, bis er sich ausgerollt und seine Hummeraugen in eine Position gebracht hatte, von der aus sie auf die meinen gerichtet waren – das bewirkte, daß ich herzhaft lachte, aber im Tiefsten meines Herzens traute ich ihm ganz und gar nicht. Dicht bei ihm die höllische Schnupftabakdose, aus der ein dämonischer Gelehrter in einer schwarzen Robe sprang, mit einem widerwärtigen Haarschopf und einem roten Lappenmund, weit geöffnet. Er war zu keinem Zeitpunkt zu ertragen, konnte jedoch auch nicht zur Seite gelegt und vergessen werden. Denn oft kam er plötzlich, in Träumen, wenn man es am wenigsten erwartete, in einer viel größeren Version, aus Mammut-Schnupftabakdosen geflogen. Ebensowenig ist der Frosch mit dem Wachs auf seinem Schwanz weit weg, denn man konnte nie wissen, wohin er nicht noch springen würde, und wenn er über die Kerze hüpfte und auf der Hand zu landen kam, mit dem gepunkteten Rücken – rot auf grünem Grund – war er furchtbar. Die Papp-Dame in einem blauen Seidenkleid, die gegen eine Kerze gelehnt war, um dort zu tanzen, und die ich auf demselben Ast sehe, war angenehmer, und sie war wunderschön. Das kann ich allerdings von dem größeren Papp-Mann, der gewöhnlich an der Wand hing und mit einer Kordel gezogen wurde, nicht sagen. Um seine Nase herum war ein finsterer Ausdruck, und wenn er die Beine um seinen Nacken schleuderte (was er oft machte), war er grauenvoll und kein Geschöpf, mit dem man allein sein wollte.

Wann hat diese schreckliche Maske mich zum ersten Mal angeschaut? Wer hatte sie angebracht und warum war ich darüber so erschrocken, daß ihr Anblick einen Einschnitt in meinem Leben bedeutete? Es ist an sich gar kein grausiges Gesicht, es soll eigentlich sogar drollig sein. Warum waren aber dann seine stumpfen Züge für mich so unerträglich? Gewiß nicht, weil die Maske das Gesicht dessen verbirgt, der sie trägt. Ein Kopftuch hätte des gleiche bewirkt. Und obwohl ich mir auch das Kopftuch fortgewünscht hätte, wäre es doch nicht so absolut unerträglich gewesen wie die Maske. Lag es daran, daß man die

Maske nicht bewegen konnte? Auch der Kopf der Puppe war unbeweglich, aber ich hatte keine Angst vor *ihm*. Vielleich bewirkte diese unveränderliche und vorbestimmte Verwandlung, die mit der Maske über ein richtiges Gesicht kam, in meinem erregten Herzen eine vage Ahnung und Furcht vor der allgemeinen Veränderung, die eines Tages über jedes Gesicht kommt und es unbeweglich macht? Nichts konnte mich davon ablenken und beruhigen. Keine Trommler, von denen ein melancholisches Zirpen erklang, wenn man sie aufzog. Kein Soldatenregiment mit einer stummen Kapelle, wenn es aus einem Kasten herausgenommen und ein Soldat neben dem anderen auf einem steifen und festen kleinen Gerüst aufgestellt worden war. Keine alte Frau, die aus Drähten und braunem Papier zusammengebastelt worden war und die für ein, zwei kleine Kinder einen Kuchen in Stücke schnitt. Nichts dergleichen konnte mich dauerhaft ablenken und trösten. Auch war es keinesfalls beruhigend, wenn man mir die Maske zeigte, so daß ich sehen konnte, daß sie aus Papier und Drähten zusammengebaut war, oder wenn man sie mir aufsetzte, damit ich sicher sein konnte, daß niemand dahintersteckte. Die bloße Erinnerung an dieses steife Gesicht, die bloße Gewißheit, daß es sich irgendwo befand, reichte aus, um mich mitten in der Nacht aufschrecken zu lassen, naß geschwitzt und voller Angst, »Oh ich weiß, daß sie kommt! Oh, die Maske!« rufend.

Ich habe mich damals nie gefragt, woraus der gute alte Esel mit den Tragekörben – da ist er!- gemacht war. Ich weiß noch, daß sein Fell echt aussah und sich echt anfühlte. Und das große schwarze Pferd, das mit roten Flekken übersät war – ich konnte mich sogar draufsetzen -; ich habe mich nie gefragt, was es in diese seltsame Verfassung gebracht hatte, und habe nie darüber nachgedacht, daß ein solches Pferd gemeinhin nicht in Newmarket zu sehen war. Die vier Pferde neben ihm, die keine Farbe hatten, die in den Käsewagen paßten und die wieder herausgenommen und unter dem Piano verstaut werden konnten, scheinen kleine Fellteilchen als Schweife gehabt zu haben und andere Teilchen als Mähnen, und sie scheinen nicht auf Beinen, sondern auf Stiften zu stehen, aber dem war nicht so, als sie als Weihnachtsgeschenk nach Hause kamen. Sie erschienen ganz normal, damals. Noch war ihr Geschirr ohne große Sorgfalt in ihre Brüste genagelt, wie es heute betrachtet wohl doch der Fall war. Das klappernde Beiwerk des Musikwagens war – das hatte ich herausgefunden – aus stachligen Zahnstochern und Drähten zusammengesetzt. Und ich dachte immer, der kleine Akrobat in seinem Hemd, der sich ohn' Unterlaß auf einer Seite eines hölzernen Gestells aufschwang und meist kopfüber auf der anderen wieder herunterglitt, müsse eine charakterlich schwache Person sein, wenn auch gutmütig. Aber die Jakobsleiter in seiner Nähe, die aus kleinen, roten, hölzernen Quadern hergestellt war, welche klappernd und schlagend umeinander flogen und jeweils ein neues Bild formten und dabei von kleinen Glöckchen untermalt wurden, war ein gewaltiges Wunder und ein großer Spaß.

Ah! Das Puppenhaus, dessen Besitzer ich zwar nicht war, aber das ich besuchte! Für unsere *Houses of Parliament* empfinde ich nicht halb so viel Bewunderung wie für dieses Gebäude mit der steinernen Front. Es hatte richtige Glasfenster und Türschwellen und einen echten Balkon – grüner als ich sie heute jemals sehe, außer in Kurorten, und auch diese sind nur eine schlechte Imitation. Und obwohl sich die gesamte Hausfront auf einmal öffnen ließ (was zugegebenerweise ein Schlag für mich war, so als fehle die Treppe da, wo man mit Sicherheit eine vermutete), mußte sie nur wieder geschlossen werden und ich konnte in meine Vorstellungswelt eintauchen. Doch sogar bei geöffneter Front: Es gab drei verschiedene Räume darin – ein Wohnzimmer und ein Schlafzimmer, elegant eingerichtet, und – was das beste war – eine Küche, mit ungewöhnlich zarten, eisernen Feuerzangen, einem reichhaltigen Sortiment an winzigen Utensilien – oh, die Bettflasche! – und einem blechernen Koch im Profil, der ewig dabei war, zwei Fische zu braten. Welch phantasievolle Gerechtigkeit habe ich den vornehmen Menüs zukommen lassen, die auf den hölzernen Tellern angedeutet waren. Jeder von ihnen verriet eine ganz besondere Delikatesse, etwa einen Schinken oder einen Truthahn. Sie waren fest auf die Teller geleimt und mit etwas Grünem garniert – ich denke, daß es Moos war. Könnten alle die Gesellschaften zusammen, die heutzutage öffentlich zur Mäßigung aufrufen, mir jemals solch einen Teegenuß bieten wie ich ihn mit Hilfe dieses kleinen, blauen Geschirrs hatte. Man konnte tatsächlich Flüssigkeiten dort hineingießen (sie flossen, ich erinnere mich, aus dem kleinen hölzernen Faß und schmeckten nach Streichhölzern), und sie verwandelten sich in Tee, Nektar. Und wenn die beiden Arme der nicht zu gebrauchenden kleinen Zukkerzange sich übereinanderschoben, ohne einem Zweck zu dienen, wie die Hände der Puppen im Kaspertheater – was machte das schon? Und als ich einmal laut aufschrie wie ein vergiftetes Kind und die vornehme Gesellschaft aus der Fassung brachte, weil ich einen Teelöffel verschluckt hatte, der versehentlich in zu heißen Tee gefallen war, so hatte ich mir doch nichts dabei geholt außer einer kleinen Verbrennung!

Auf den Ästen daneben im Baum, weiter unten, in der Nähe des grünen Rollers und der winzigen Gartengeräte hingen dicht an dicht die Bücher. Eigentlich dünne Bücher, jedes für sich genommen, aber unzählig viele davon und mit wunderbar sanften, leuchtend roten oder grünen Einbänden. Diese dicken schwarzen Buchstaben! »A war ein Angler; er schoß auf einen Frosch.« Natürlich war dem so. Er war auch eine Apfeltorte – da ist er. Er war eine ganze Menge schöner Dinge, jedes zu seiner Zeit, dieser A, und das gleiche galt für die meisten seiner Freunde, mit Ausnahme von X, der so wenig Vielfalt bot, daß ich ihn nie anders kannte außer als Xerxes oder Xanthippe – ähnlich war es mit Y, der immer auf Yacht oder Yoghurt beschränkt blieb. Und Z war für immer verdammt ein Zebra oder ein Zauberer zu sein. Doch nun verändert sich der Baum selbst und wird zu einer Bohnenstange – die wundervolle Bohnenstange, an der der tapfere Ritter zum Haus des Riesen hinaufkletterte! Diese schrecklich interessanten, zweiköpfigen Riesen haben Keulen über ihren Schultern. Und jetzt fangen sie an, in Scharen über die Zweige zu streunen und ziehen Ritter und Damen an Haaren und Köpfen als ihr Abendessen zu sich in ihre Behausung. Und der tapfere Ritter – gar so edelmütig, mit seinem scharfen Schwert und seinen flinken Schuhen! Von neuem kommen diese alten Phantasien über mich, jetzt, wenn ich auf ihn blicke und ihn ansehe. Und ich frage mich ernstlich, ob es mehr als einen tapferen Ritter gab (eine Möglichkeit, die mir nicht behagt) oder ob da nur ein echter, wahrer, bewunderter tapferer Ritter war, der all die bemerkenswerten Abenteuer ausgefochten hat.

Passend zur Weihnachtszeit ist die rötliche Farbe des Mantels, in dem Rotkäppchen zu mir kam – der Baum bildete von sich aus einen Wald für ihre Reise mit ihrem Körbchen. Es war an einem Weihnachtsabend, als dies geschah, und Rotkäppchen berichtete mir von der Grausamkeit und Scheinheiligkeit dieses Wolfes, der sich verkleidet hatte. Er hatte ihre Großmutter verschlungen, ohne daß davon sein Appetit gestillt wurde, und dann verschlang er Rotkäppchen, nachdem er diesen bösen Witz über seine Zähne gemacht hatte. Sie war meine erste Liebe. Ich hatte das Gefühl, daß ich das vollkommene Glück erreichen würde, wenn ich nur Rotkäppchen heiraten könnte. Aber das sollte nicht sein; und es gab keine andere Möglichkeit, etwas zu tun, als nach dem Wolf in der Arche Noah Ausschau zu halten und ihn ganz hinten in der Reihe auf dem Tisch zu plazieren, wie ein Monster, das erniedrigt werden muß. O die wunderschöne Arche Noah! Sie stellte sich als nicht seetüchtig heraus, als ich sie in den Waschzuber setzte. Die Tiere waren unter dem Dach zusammengepfercht, und ihre Beine mußten heftig durcheinandergeschüttelt werden, damit sie alle hineinpaßten. Doch dann, wetten wir zehn zu eins, daß sie wieder aus dem Tor herauspurzelten, daß sich nur schlecht mit einer Drahtschlinge schließen ließ! Aber was machte das schon! Stellt euch die ehrwürdige Fliege vor, nur ein oder zwei Größen kleiner als der Elefant; der Marienkäfer, der Schmetterling – alles Triumphe der Kunst! Stellt euch die Gans vor, deren Beine so klein waren und die nur schwer die Balance halten konnte, so daß sie regelmäßig nach vorne kippte und die gesamte Kette der Schöpfung umstieß. Stellt euch Noah und seine Familie wie einfache Pfeifenstopfer vor. Und wie der Leopard dazu benutzt wurde, kleine Finger zu wärmen. Und wie die Schweife der größeren Tiere mehr und mehr zu ausgefransten Fadensträngen wurden.

Aufgepaßt! Wieder ein Wald, und jemand sitzt oben im Baum – nicht Robin Hood, nicht Sankt Nikolaus, nicht Zwergnase (ich habe ihn übergangen ebenso wie all die Wunder von lustigen Zauberern), sondern ein König aus dem Morgenland mit einer glänzenden Machete und einem Turban. Bei Allah, es sind zwei Könige aus dem Morgenland, ich sehe den zweiten über die Schulter des ersten blicken! Unten im Gras, am Fuß des Baumes, liegt in voller Länge ein kohlschwarzer Riese, langgestreckt und schlafend, seinen Kopf im Schoß einer feinen Dame. Ganz in ihrer Nähe steht eine gläserne Truhe, die mit vier Schlössern aus blinkendem Stahl verschlossen ist. Darin hält der Riese die Dame gefangen, wenn er wach ist. Jetzt sehe ich auch die vier Schlüssel an seinem Gürtel. Die feine Dame gibt den beiden Königen im Baum Zeichen, und diese steigen langsam zu ihr herab. Das ist die Welt der Märchen aus Tausendundeiner Nacht.

Oh, all die gewöhnlichen Dinge werden jetzt ungewöhnlich und zauberhaft für mich. Alle Lampen sind voller Wunder, alle Ringe sind Glücksbringer. Gewöhnliche Blumentöpfe sind voller Schätze, auf denen nur ein wenig Erde verteilt wurde. Bäume sind da, damit Ali Baba sich darin verstecken kann. Rindersteaks müssen in das Tal der Diamanten geworfen werden, damit die wertvollen Steine daran kleben, um so von den Adlern in ihre Nester getragen zu werden, von wo die Diamantenräuber sie unter lautem Gegröle stehlen werden. Kuchen werden nach dem Rezept angefertigt, das von dem Sohn des Wesirs von Bussorah stammt, der Kuchenbäcker wurde, nachdem er in einfachen Kleidern am Stadttor von Damaskus ausgesetzt worden war. Alle Flickschuster heißen Mustafa, und sie befassen sich damit, Menschen zusammenzuflicken, die gevierteilt worden sind und zu denen sie mit verbundenen Augen gebracht werden.

Jeder eiserne Ring, in den ein Stein eingelassen ist, ist der Eingang zu einer Höhle, die nur auf den Magier wartet und auf das kleine Feuer und die Geisterbeschwörung, die die Erde erschüttern läßt. All die importierten Datteln kommen von demselben Baum wie die unglückbringende Dattel, mit deren Schale der Händler das Auge jenes Unsichtbaren zertrümmert hat, der der Sohn des Flaschengeistes war. Alle Oliven wurden von der Pflanze geerntet, die von jener frischen Frucht stammt, um die sich das Gespräch drehte, das der Kalif von Bagdad mitanhörte, als der Junge den erfundenen Fall des betrügerischen Olivenhändlers darlegte. Alle Äpfel gleichen jenem Apfel, der (zusammen mit zwei weiteren) vom Gärtner des Sultans für drei Pailletten erstanden wurde und den der große, schwarze Sklave dem Kind stahl. Alle Hunde bringe ich mit dem Hund in Verbindung, der in Wirklichkeit ein verwandelter Mensch war und der auf die Theke des Bäckers sprang, um seine Pfote auf eine Münze Falschgeld zu legen. Jede Portion Reis ruft mir den Reis in Erinnerung, den die schreckliche Dame mit den schauderhaften Gelüsten nur Korn für Korn pikken konnte, weil sie nächtens auf dem Friedhof ein Festmahl veranstaltet hatte. Sogar mein geliebtes Schaukelpferd – da sehe ich es, seine Nüstern sind völlig nach außen gestülpt und deuten das Vorhandensein von Blut an! – sollte einen Griff in seinem Nacken haben, damit es mit mir davonfliegen kann, wie es das hölzerne Pferd mit dem Prinzen von Persien tat, vor den Augen des gesamten Hofstaates des Vaters.

Ja, jeder Gegenstand, den ich auf den oberen Zweigen meines Weihnachtsbaums erkenne, erscheint mir in solch märchenhaftem Licht! Wenn ich bei Tagesanbruch an kalten, dunklen Wintermorgen aufwache und durch den Frost an den Fensterscheiben verschwommen den weißen Schnee draußen wahrnehme, höre ich Dinarzade: »Schwester, Schwester, bist du schon wach? So bitte ich dich, erzähle die Geschichte von dem jungen König der schwarzen Inseln zu Ende.« Scheherazade antwortet:

»Wenn mein Herr, der Sultan, mir gestattet, einen weiteren Tag am Leben zu bleiben, dann werde ich dir, meine Schwester, nicht nur das Ende dieser Geschichte, sondern noch eine weitere, viel schönere Geschichte erzählen.« Daraufhin verläßt der großzügige Sultan den Raum, ohne die Anweisungen für die Hinrichtung zu geben, und uns dreien stockt der Atem nicht mehr länger.

Auf derselben Höhe meines Baums beginne ich langsam etwas zu sehen, das zwischen den Ästen kauert – vielleicht liegt sein Ursprung im Truthahnbraten oder im Weihnachtspudding oder in den Frucht-Küchlein, oder vielleicht ist er unter den vielen Phantasien zu suchen, die Robinson Crusoe auf seiner einsamen Insel durcheinanderbrachten, Philip Quarl allein unter den Affen, Sandord und Merton mit Mr. Barlow, Mutter Bunch und die Maske – ja, vielleicht ist das alles das Ergebnis von Verdauungsstörungen gepaart mit übermäßiger Vorstellungskraft und unangemessenen Versuchen, meine Beschwerden medizinisch zu behandeln. Auf alle Fälle ist es ein gewaltiger Alptraum. Alles ist äußerst undeutlich, so daß ich gar nicht recht sagen kann, warum es so gruselig ist – aber ich weiß, daß es mich ängstigt. Was ich sehen kann, ist eine große Ansammlung von gestaltlosen Formen, die offensichtlich auf dem großen Gerüst angeordnet sind, auf dem gewöhnlich die Spielzeugsoldaten standen. Langsam kommt sie näher an meine Augen heran und zieht sich dann wieder in unschätzbare Ferne zurück. Wenn sie ganz nah ist, ist es am schlimmsten. Ich verknüpfe damit Erinnerungen an unglaublich lange Winternächte. Ich wurde früh zu Bett geschickt, als Strafe für irgendeine kleine Unartigkeit, die ich verbrochen hatte, und wachte nach zwei Stunden mit dem Gefühl wieder auf, als hätte ich zwei Nächte lang geschlafen. Ich verbinde damit die belastende Hoffnungslosigkeit, daß der Morgen niemals kommen werde, und das Unterdrücken der Last, die die Reue bringt.

Doch nun sehe ich eine wunderschöne Reihe kleiner Lichter, die sich sanft vor einem riesigen grünen Vorhang erhebt. Jetzt läutet eine Glocke –, eine magische Glocke, deren Klang ich noch im Ohr habe; er ist anders als der aller anderen Glocken – und aus dem Summen unzählig vieler Stimmen erklingt Musik, und ein Duft von Orangenschale und Öl steigt auf. Alsbald befiehlt die magische Glocke das Verstummen der Musik, und der große grüne Vorhang wird wie von wundersamer Hand geöffnet, und das Schauspiel beginnt! Der treue Hund von Montargis rächt den Tod seines Herrn, der im Wald von Bondy hinterhältig ermordet wurde. Ein lustiger Bauer mit einer roten Nase und einem sehr kleinen Hut, den ich von jener Stunde an als einen Freund in mein Herz geschlossen habe (ich glaube, er war Kellner oder Stallknecht in einer Dorfschänke, aber viele Jahre sind vergangen, seit er und ich zusammentrafen), betont, daß der Treuerächerrachen dieses Hundes in der Tat außergewöhnlich ist. Diese merkwürdige Wortschöpfung wird mir ewig frisch und unvergänglich in Erinnerung bleiben und bis zum Ende aller Zeiten sämtliche anderen Wortspiele übertreffen. Oder nun erfahre ich mit bitteren Tränen, wie die arme Jane Shore, die ganz in Weiß gekleidet war und deren braunes Haar lang vom Kopf herabhing, hungernd durch die Straßen lief. Oder ich erfahre von George Barnwell, der den wohlhabendsten Onkel, den man sich vorstellen kann, getötet hat, und der hernach dies dermaßen bereute, daß man ihn hätte freilassen sollen. Rasch eilen zu meinem Troste die Weihnachtsmärchen herbei – ein beeindruckendes Phänomen! Wenn Clowns von geladenen Kanonen auf große Kronleuchter katapultiert werden, ist das eine glänzende Vorstellung. Gleiches gilt für die Harlekine, die von oben bis unten mit Schuppen aus glänzendem puren Gold bedeckt sind und sich wie Fische biegen und winden. Oder wenn der Hanswurst (diesen vergleiche ich für mich selbst gerne mit meinem eigenen Großvater, was, wie ich versichere, jedoch keine Mißachtung ist) glühend-heiße Feuerhaken in seine Hosentaschen steckt und ruft: »Achtung, hier komm' ich!« Oder er beschuldigt den Clown des gelegentlichen Diebstahls und behauptet: »Ich hab' dich gesehen gehabt, wie du es tun tatest!« Alles vermag jederzeit ohne große Schwierigkeiten in irgend etwas anderes verwandelt werden. Und »Das etwas nicht geht, gibt es nicht, außer man denkt es sich so!« Nun empfinde ich sogar die Erfahrung jener erstmaligen schmerzlichen Empfindung, die ich in den Jahren danach oft verspürte, nämlich nicht imstande zu sein, am nächsten Tag wieder in die langweilige, geordnete Welt zurückzukehren. Ich wollte für immer in der besonderen Atmosphäre leben, die ich verlassen hatte. Abgöttisch lieben wollte ich die kleine Fee mit dem Zauberstab, der aussah wie eine himmlische Lanze, und ich sehnte mich nach elfenhafter Unsterblichkeit an ihrer Seite. Ach, sie kehrt zurück, in mannigfachen Formen, während mein Auge an den Zweigen meines Weihnachtsbaums entlang nach unten wandert, und ebensooft geht sie wieder, und bis heute hat sie nicht länger bei mir verweilt!

Mitten aus diesen Freuden taucht das Spielzeugtheater auf. Da ist es, mit seinem vertrauten Bühnenaufbau und mit den Frauen, die ihren Federschmuck angelegt haben und sich in ihren Kabinen aufhalten! Und all die Helfer und Dekorateure mit dem Pappmaché, dem Gummi und den Wasserfarben beim Aufbauen von »Der Müller und seine Leute«, von »Elisabeth« oder von »Exil in Sibirien«. Trotz einiger, sich ständig ereignender Pannen und Ausfälle (insbesondere seien die unvernünftige Haltung des ehrenwerten Kelmar erwähnt und das Verhalten einiger anderer, die weiche Knie bekommen und bei den aufregendsten Stellen des Dramas umfallen) ist dieses Gewusel von Menschen, diese Welt des schönen Scheins so beeindruckend, anregend und allumfassend, daß ich weit unterhalb davon auf meinem Weihnachtsbaum dunkle, schmutzige, echte Theaterarenen bei Tageslicht sehe. Doch ich belege sie mit meinen Assoziationen wie mit den frischesten, aus den seltensten Blumen geflochtenen Kränzen, so daß sie mich trotz allem verzaubern.

Doch hört! Die Sternsinger spielen auf und reißen mich aus meinem kindlichen Schlaf! Ach, all die vielen Bilder, die die Weihnachtsmusik in mir wach werden läßt, wenn ich die Sternsinger sehe, die auf dem Weihnachtsbaum aufgereiht sind. Ich kannte sie vor allen anderen, weit weg von allen anderen versammelten sie sich rings um mein kleines Bett. Ein Engel, der zu einer Gruppe von Hirten auf dem Feld spricht. Einige Reisende, die Augen gen Himmel gerichtet, die einem Stern folgen. Ein Baby in einer Krippe. Ein Kind, das in einem großen, weiten Tempel zu einigen ernsten Männern spricht. Eine erhabene Erscheinung mit einem sanften und wunderschönen Gesicht, die ein totes Mädchen bei der Hand nimmt und wiedererweckt. Und noch einmal derselbe Mann, wie er in der Nähe eines Stadttores den Sohn einer Witwe, der auf einer Bahre liegt, ins Leben zurückruft. Eine Menschenmenge, die durch ein geöffnetes Dach in das Zimmer blickt, in dem er sitzt; mit einem Seil lassen sie ein Bett, in dem ein Kranker liegt, zu ihm herab. Derselbe während eines Sturms: er läuft über das Wasser zu einem Schiff. Und wieder, am Meeresufer, wo er eine Gruppe von Menschen unterrichtet. Und dann, mit einem Kind auf seinen Knien und weiteren Kindern um sich herum. Und wieder: er gibt einem Blinden das Augenlicht zurück, einem Stummen die Sprache, einen Tauben läßt er wieder hören, Kranken gibt er Gesundheit, Lahmen gibt er Kraft, Unwissenden gibt er Weisheit. Und wieder ist er da: er stirbt an einem Kreuz und wird von Soldaten bewacht. Eine tiefe Dunkelheit zieht auf, die Erde beginnt zu beben, und nur eine einzige Stimme ist zu hören: »Vergib ihnen, denn sie wissen nicht, was sie tun.«

Ganz ruhig drängen sich auf den unteren, reiferen Zweigen des Baums weitere Weihnachterinnerungen in Hülle und Fülle. Geschlossene Schulbücher: Ovid und Vergil waren verstummt. Die Herrschaft der Drei mit den unangenehmen und unerheblichen Fragestellungen war schon lange an die Seite geschoben. Terenz und Plautus gaben keine Aufführungen mehr, in einer Arena, in der Tische und Schulklassen zusammengedrängt sind, alle beschädigt, mit Einkerbungen und Tintenflecken. Cricket-Schläger, Cricket-Stäbe und -Bälle wurden etwas höher zurückgelassen, mit dem Geruch von Rasen, auf dem man herumlief, und mit dem sanften Geräusch von Rufen in der Abendluft. Der Baum ist noch immer frisch, noch immer bunt. Wenn ich einmal nicht mehr zur Weihnachtszeit nach Hause zurückkehre, wird es aber (Gott sei Dank!), solange die Welt sich dreht, Jungen und Mädchen geben, die nach Hause zurückkommen. Dort drüben tanzen und spielen sie vergnügt auf den Zweigen meines Baums, Gott schütze sie, und mein Herz tanzt und spielt ebenso!

Und ich kehre an Weihnachten nach Hause zurück. Wir alle handeln so, oder besser gesagt: wir alle sollten so handeln. Wir alle kehren nach Hause zurück oder sollten nach Hause zurückkehren, für ein paar kurze Ferientage – je länger, je besser – von der großen Schule, in der wir immerzu auf unseren Schiefertafeln die Mathematik üben. Wir sollten uns Ruhe nehmen und Ruhe geben. Und was die Reise anbelangt, auf die wir uns zum Zwecke eines Besuchs begeben: wo könnten wir nicht hingelangen, wenn wir nur wollen; wo sind wir nicht schon gewesen, wenn wir nur wollten; nehmen wir den Ausgangspunkt unserer Freuden bei unserem Weihnachtsbaum!

Hinfort in die schönen Aussichten, die der Winter bietet. Es gibt viele davon hier auf dem Baum! Nur weiter, über tiefe Felder, von denen der Tau aufsteigt, über Zäune und durch dichten Nebel hindurch, die sich lang erstreckenden Hügel hinauf, auf einen Weg, der sich verschlungen wie dunkle Höhlen zwischen den dichten Wäldern entlangzieht. Die funkelnden Sterne sind beinahe ausgesperrt. Dann treten wir hinaus auf die weiten Höhen, und immer weiter, bis wir schließlich in plötzlicher Stille an einem Straßentor anhalten. Die Torglocke hat in der kalten, frostigen Luft einen tiefen, leicht ehrwürdigen Klang. Mit einem Schwung öffnet sich das Tor. Als wir uns näher an das große Haus heranbewegen, werden die strahlenden Lichter in den Fenstern intensiver und die sich gegenüberstehenden Baumreihen scheinen sich ehrfürchtig auf beiden Seiten nach hinten zu neigen, um uns den Weg freizumachen. Tagsüber war von Zeit zu Zeit ein verängstigter Feldhase über das weiß-bedeckte Moos gehuscht. Oder in der Ferne hatte das Klappern der Hufe eines Rudels, das über den hart gefrorenen Boden lief, für eine Minute die Stille ebenfalls durchbrochen. Ihre aufmerksamen Augen glänzen vielleich jetzt im Unterholz – wenn wir sie sehen könnten – wie zu Eis gefrorene Tautropfen auf den Blättern. Aber sie sind still; überall herrscht Stille. Und so, während die Lichter intensiver werden und sich die Bäume zur Seite neigen und nach uns wieder aufrichten, als wollten sie ein Umkehren unmöglich machen, nähern wir uns dem Haus.

Wahrscheinlich ist es erfüllt vom Duft gerösteter Kastanien, und es gibt allerlei weitere angenehme Dinge dort, denn wir erzählen einander Wintergeschichten – Geschichten von Geistern oder noch schauerlicheren Sachen – und sitzen um das weihnachtliche Feuer im Kamin. Keiner von uns hat sich geregt, außer wenn er etwas näher an das Feuer rückte. Aber das ist nicht der Rede wert. Wir kamen zu dem Haus. Es ist ein altes Haus mit vielen großen Kaminen, in denen in alten Feuerstellen Holz verbrannt wird, und mit grimmigen Porträts (zu einigen davon gibt es ebenso grimmige Legenden), die mißtrauisch von den Absätzen der Wandverkleidung aus Eichenholz herabhängen. Wir sind ein Edelmann, der in der Mitte seines Lebens steht, und gemeinsam mit unserem Gastgeber und unserer Gastgeberin und deren Gästen nehmen wir ein reichhaltiges Mahl ein – es ist Weihnachtszeit und das alte Haus beherbergt eine große Gesellschaft –, und danach gehen wir zu Bett. Unser Zimmer ist ein sehr altes Zimmer. Es hängt voll mit Wandteppichen. Uns gefällt das Porträt eines Kavaliers in Grün nicht, das über dem Kamin hängt. An der Decke verlaufen große, schwarze Balken, und es gibt ein großes, schwarzes Bett, an dessen Beinen zwei große, schwarze Figuren thronen, die aussehen, als wären sie gerade für unsere Unterbringung aus einigen der Grabstätten in der alten herzoglichen Kirche im Park gekommen. Aber wir sind kein abergläubischer Herr, und daher macht es uns nichts aus. Dann schicken wir unseren Diener fort, verschließen die Tür und setzen uns in unserem Hausmantel an das Feuer, wo uns eine ganze Reihe von Dingen durch den Kopf geht.

Nach einer Weile gehen wir schließlich zu Bett. Doch wir können nicht schlafen. Wir drehen und wenden uns und können nicht schlafen. Aus dem Kamin dringt gelegentlich der Schein der Glut und läßt das Zimmer geisterhaft erscheinen. Wir können es nicht lassen, über den Bettrand zu schauen, auf die beiden schwarzen Figuren und auf den Kavalier – den heimtückisch aussehenden Kavalier in Grün. Im flackernden Licht scheinen sie näherzukommen und sich wieder zurückzuziehen, und obwohl wir in keinster Weise ein abergläubischer Herr sind, ist dies dennoch alles andere als angenehm. Nun, wir werden nervös – in zunehmenden Maße nervös. Wir sagen zu uns: »Das ist ziemlich töricht, aber wir können das nicht ertragen. Wir werden so tun, als würden wir uns nicht wohl fühlen, und werden jemanden aufwecken.« Doch als wir gerade dabei sind, dies zu tun, springt die verschlossene Tür auf und eine junge, totenbleiche Frau mit langem, blonden Haar kommt herein und schwebt zum Kamin, wo sie sich in den Sessel setzt, den wir dort stehengelassen haben, und reibt sich am Feuer die Hände. Dann bemerken wir, daß ihre Kleider naß sind. Unsere Zunge ist fest gegen unseren Oberkiefer gepreßt, und wir bringen kein Wort über unsere Lippen. Aber wir beobachten sie genauestens. Ihre Kleider sind naß, sie hat Spritzer von feuchtem Schlamm in ihrem langen Haar. Sie trägt die Mode von vor zweihundert Jahren, und an ihrem Gürtel hat sie einen Bund mit alten rostigen Schlüsseln. So sitzt sie da, und wir können noch nicht einmal in Ohnmacht fallen, so sehr sind wir von der Situation gefangen. Bald darauf steht sie auf und versucht sich mit ihren rostigen Schlüsseln an allen Schlössern, die sich im Raum befinden, aber keiner will irgendwo passen. Dann richtet sie ihre Augen auf den Kavalier in Grün und spricht mit tiefer, furchterregender Stimme die Worte: »Die Hirsche wissen Bescheid!« Danach reibt sie sich erneut die Hände, geht an dem Bett vorbei, und durch die Tür verläßt sie den Raum. Rasch werfen wir unseren Hausmantel über, ergreifen unsere Pistolen (wir reisen nie ohne Pistolen) und wollen ihr folgen, als wir feststellen müssen, daß die

Tür verschlossen ist. Wir drehen den Schlüssel um und blicken hinaus in den dunklen Gang, doch es ist niemand zu sehen. Wir gehen los und versuchen unseren Diener zu finden. Erfolglos. Bis zum Morgengrauen eilen wir durch den Gang. Dann kehren wir in unser verlassenes Zimmer zurück, fallen in Schlaf und werden von unserem Diener (er hat keinerlei Heimsuchungen) und der strahlenden Sonne geweckt. Wir haben ein elendes Frühstück, und die gesamte Gesellschaft ist der Ansicht, daß wir seltsam aussehen. Nach dem Frühstück machen wir mit unserem Gastgeber einen Rundgang durch das Haus, und dann führen wir ihn zu dem Porträt des Kavaliers in Grün, und wir erfahren einiges. Er hatte sich gegenüber einer jungen Hausdame schändlich verhalten, die einst eng mit der Familie verbunden und die für ihre Schönheit berühmt war. Sie ertränkte sich im See. Ihr Körper wurde erst nach langer Zeit entdeckt, weil die Hirsche sich weigerten, von dem Wasser des Sees zu trinken. Seither, so wird gesagt, geht sie um Mitternacht in dem Haus umher (es zieht sie besonders in das Zimmer, in dem der Kavalier in Grün gewöhnlich schlief), um ihre rostigen Schlüssel an den alten Schlössern auszuprobieren. Alsdann erzählen wir unserem Gastgeber, was wir gesehen haben, und ein Schatten legt sich über sein Gesicht, und er äußert die Bitte, die Angelegtheit möge verschwiegen werden, und so geschieht es dann auch. Aber alles entspricht der Wahrheit. Das haben wir vor unserem Tod (wir sind jetzt tot) schon vielen ehrenwerten Leuten versichert.

Die alten Häuser kennen kein Ende, mit ihren schallenden Fluren, ihren düsteren, stattlichen Schlafräumen und den spukenden Flügeln des Hauses, die seit Jahren verschlossen und unbewohnt sind. Wenn wir in ihnen wandeln und uns manch angenehmer Schauer über den Rücken läuft, lassen sich alle möglichen Geister antreffen, die sich jedoch (und es scheint geboten, dies hier anzumerken) in einige wenige allgemeine Typen und Klassen einordnen lassen. Denn Geister zeichnen sich nicht durch Originalität aus und bewegen sich in vorgefaßten Bahnen. So geschieht es, daß in einem bestimmten Zimmer in einem bestimmten alten Gebäudetrakt, wo sich ein ganz bestimmter böser Lord, Baron, Ritter oder Edelmann erschossen hat, einige Bodendielen vorhanden sind, von denen sich das Blut nicht entfernen lassen will. Man kann immer und immer wieder versuchen es abzukratzen, wie es der jetzige Hauseigentümer getan hat, oder man kann es immer und immer wieder abschleifen, wie es sein Vater getan hat, oder man kann immer und immer wieder schrubben, wie es sein Großvater getan hat, oder man kann immer und immer wieder versuchen, es mit starken Säuren wegzuätzen, wie es sein Urgroßvater getan hat, aber das Blut wird noch immer da sein, nicht farblich stärker und nicht schwächer, nicht mehr und nicht weniger – immer genau so wie es war. So gibt es in einem anderen dieser Häuser eine Tür, die spukt und niemals offen, oder eine andere Tür, die niemals geschlossen bleibt. Oder es gibt das Spukgeräusch eines Spinnrades oder eines Hammers oder von Fußtritten oder eines Schreis oder eines Seufzens oder von den Tritten eines Pferdes oder das Rasseln einer Kette. Oder aber es gibt eine Turmuhr, die zur mitternächtlichen Stunde dreizehn schlägt, wenn der Herr der Familie sterben wird. Oder eine schemenhafte, unbewegliche schwarze Kutsche, die immer zu einer bestimmten Zeit von jemandem gesehen wird, wie sie bei den großen Toren im Hof, wo die Pferdeställe sind, wartet. Oder aber es geschah so etwas, wie einst als Lady Mary einem großen, alten Haus im schottischen Hochland einen Besuch abstattete: von ihrer langen Reise müde, ging sie früh zu Bett, und am nächsten Morgen beim Frühstück sagte sie unbedarft: »Wie seltsam, daß es letzte Nacht an diesem abgelegenen Ort eine Party gab, ohne daß mir jemand etwas davon gesagt hatte!« Dann fragten alle Lady Mary, was sie meinte, woraufhin Lady Mary erwiderte: »Nun, während der ganzen Nacht fuhren die Wagen um die Terrasse unter meinem Fenster herum!« Daraufhin wurde der Besitzer des Hauses kreidebleich und ebenso seine Gattin, und Charles Macdoodle of Macdoodle gab Lady Mary ein Zeichen, sie möge nicht mehr weiterreden, und alle schwiegen. Nach dem Frühstück erzählte Charles Macdoodle Lady Mary, daß es eine alte Überlieferung in der Familie sei, daß solche auf der Terrasse umherfahrenden Kutschen einen Tod ankündigen. Dies sollte sich bewahrheiten, denn zwei Monate später verstarb die Dame des Hauses. Und Lady Mary, die Hofdame am königlichen Hof war, erzählte diese Geschichte oft der alten Königin Charlotte. In solchen Fällen pflegte dann der alte König immer zu sagen: »Eh, eh? Was, was? Gespenster, Gespenster? Nicht so etwas, nicht so etwas!« Und er hörte nicht auf, das zu sagen, bis er zu Bett ging.

Oder die Geschichte von dem Freund von jemandem, den die meisten von uns kennen. Als er ein junger Mann auf dem College war, hatte er einen gewissen Freund, mit dem er einen Pakt schloß: Wenn es dem Geist möglich wäre, nach dem Verlassen des Körpers wieder auf die Erde zurückzukehren, sollte derjenige von den beiden, der zuerst sterben würde, zu dem anderen zurückkehren und ihm erscheinen. Im Lauf der Zeit hatte unser Freund diesen Pakt vergessen. Die beiden jungen Männer waren im Leben vorangeschritten und hatten unterschiedliche Wege eingeschlagen, die weit voneinander entfernt lagen. Doch eines Nachts, viele Jahre später, als unser Freund sich im Norden Englands aufhielt und sich über Nacht in einem Gästehaus in den Yorkshire Moors einquartiert hatte, schaute er zufällig aus dem Bett: Und am Schreibtisch, der am Fenster stand, sah er im Mondlicht seinen alten Freund aus gemeinsamen College-Tagen, der ihn mit starrem Blick fixierte. Als er die Erscheinung ehrfürchtig begrüßte, antwortete sie flüsternd, aber gut verstehbar: »Komm nicht in meine Nähe. Ich bin tot. Ich bin hier, um mein Versprechen einzulösen. Ich komme aus einer anderen Welt, aber ich darf ihre Geheimnisse nicht enthüllen.« Daraufhin wurde die ganze Gestalt blasser, verschmolz gewissermaßen mit dem Mondlicht und verging.

Oder es gibt die Geschichte von der Tochter des ersten Besitzers des malerischen elisabethanischen Hauses, das in unserer Gegend hier so bekannt ist. Habt ihr von ihr gehört? Nein! Also, sie war ein wunderhübsches Mädchen von gerade siebzehn Jahren. An einem Sommerabend ging sie in der Abenddämmerung hinaus in den Garten, um dort Blumen zu pflücken. Plötzlich kam sie völlig verschreckt in die Eingangshalle zurückgerannt, eilte zu ihrem Vater und sagte: »O, mein lieber Vater, ich bin mir selbst begegnet!« Er nahm sie in seine Arme und versuchte, sie mit den Worten zu beruhigen, daß es eine Phantasievorstellung gewesen sei, doch sie erwiderte: »O nein! Ich bin mir selbst begegnet, auf dem breiten Weg, und ich war bleich und habe welke Blumen gepflückt, und ich habe aufgeschaut und die Blumen hochgehalten.« Und in dieser Nacht ist sie gestorben. Von ihrer Geschichte sollte ein Gemälde angefertigt werden, aber es wurde niemals fertiggestellt. Man sagt, es wäre bis zum heutigen Tage irgendwo im Haus, mit der Vorderseite gegen eine Wand gelehnt.

Oder die Geschichte vom Onkel der Frau meines Bruders. Als er einst, an einem milden Abend bei Sonnenuntergang mit dem Pferd auf dem Nachhauseweg war, sah er auf einem moosigen Weg in der Nähe seines eigenen Hauses einen Mann, der vor ihm stand, mitten auf dem engen Pfad. »Warum steht der Mann im Mantel dort?«, dachte er. »Will er, daß ich ihn niederreite?« Aber die Gestalt bewegte sich nicht. Er hatte ein seltsames Gefühl, sie so still und unbeweglich dastehen zu sehen. Doch er verringerte seine Geschwingigkeit und ritt weiter. Als er so nahe an sie herangekommen war, daß er sie beinahe mit dem Zaumzeug berührte, scheute sein Pferd, und die Gestalt schwebte auf ungewöhnliche, überirdische Weise die Böschung hinauf, rückwärts und ohne daß man den Eindruck hatte, sie würde ihre Beine benutzen, und dann war sie fort. Voller Erstaunen rief der Onkel der Frau meines Bruders: »Guter Gott! Das ist mein Cousin Harry aus Bombay!« Er gab seinem Pferd, das zu seinem Erstaunen auf einmal heftig mit Schweiß bedeckt war, die Sporen und ritt in Windeseile um die Ecke zum Eingang seines Hauses. Dort sah er dieselbe Gestalt, wie sie gerade durch ein langes französisches Fenster das Wohnzimmer im Erdgeschoß betrat. Er warf einem Diener die Zügel zu und rannte hinter der Gestalt her in das Wohnzimmer. Dort saß seine Schwester, allein. »Alice, wo ist mein Cousin Harry?« – »Dein Cousin Harry, John?« – »Ja, aus Bombay. Ich habe ihn gerade auf dem Weg getroffen und sah, wie er in diesem Moment hier hinein ging.« Niemand hatte weit und breit irgendein Geschöpf gesehen. Doch zu jener Stunde, zu jener Minute war, wie sich später herausstellte, dieser Cousin in Indien gestorben.

Oder die Geschichte von einer empfindsamen alten Jungfer. Sie starb im Alter von neunundneunzig Jahren und hatte sich bis zuletzt jenen lebendigen Geist und jene Sinne bewahrt, mit denen sie den Waisenjungen gesehen hatte. Diese Geschichte ist oft falsch erzählt worden, aber ich werde sie korrekt wiedergeben, denn es handelt sich in Wahrheit um eine Geschichte aus dem Umfeld unserer Familie und die alte Dame war mit unserer Familie verwandt. Als sie so um die vierzig Jahre alt und noch eine außergewöhnlich schöne Frau war (ihre große Liebe war in jungen Jahren gestorben, was der Grund dafür war, daß sie niemals heiratete, obgleich sie viele Angebote hatte), fuhr sie für ein paar Tage an einen Ort in Kent, den ihr Bruder, ein Kolonialwaren-Importeur, gerade erst erstanden hatte. Um diesen Ort rankte sich die Geschichte, daß er einst von dem Vormund eines kleinen Jungen verwaltet worden sei. Dieser Vormund sei selbst in der Erbfolge nach dem Jungen der nächste gewesen, und er habe den kleinen Jungen grausam und brutal behandelt und dadurch getötet. Sie wußte aber nichts von dieser Geschichte. Angeblich soll in ihrem Schlafzimmer ein Käfig gestanden haben, in den der Vormund den kleinen Jungen regelmäßig einsperrte. Doch da war nichts dergleichen. Da war nur ein Wandschrank. Sie ging zu Bett, läutete auch während der Nacht nicht nach jemandem, und als am Morgen ihr Stubenmädchen das Zimmer betrat, fragte sie ganz gefaßt: »Wer ist das hübsche, etwas verloren dreinschauende Kind, das die ganze Nacht über aus dem Wandschrank herausgeschaut hat?« Die Antwort des Stubenmädchens war ein lauter Schrei, bevor es sofort davonlief. Die Dame war überrascht, aber sie war eine bemerkenswert couragierte Frau, und so zog sie sich alleine an und ging nach unten, wo sie sich hinter verschlossenen Türen mit ihrem Bruder zusammensetzte. »Also, Walter,« sagte sie, »ich wurde während der gesamten Nacht von einem hübschen, verloren dreinschauenden Jungen gestört, der ständig aus dem Wandschrank in meinem Zimmer, der sich nicht öffnen läßt, herausschaute. Ist das irgendein Trick?« – »Ich fürchte nein, Charlotte,« sagte er, »denn es ist die Legende, die sich um dieses Haus rankt. Es ist der Waisenjunge. Was hat er gemacht?« – »Er hat leise die Schranktür geöffnet,« berichtete sie, »und dann schaute er heraus. Manchmal kam er ein paar Schritte nach vorn in das Zimmer. Dann rief ich ihm zu und ermunterte ihn, näherzukommen, aber er zuckte zusammen und schauderte, kroch zurück in den Schrank und schloß die Tür.« – »Zu dem Wandschrank, Charlotte, gibt es keine Verbindung,« sagte ihr Bruder, »von keinem anderen Teil des Hauses. Er ist vernagelt.« Dies war unübersehbar wahr. Zwei Zimmerleute benötigten einen ganzen Vormittag, um ihn zu öffnen, so daß er untersucht werden konnte. Schließlich mußte sie sich damit zufrieden geben, daß sie den Waisenjungen gesehen hatte. Doch der entsetzliche und furchtbare Teil der Geschichte ist der, daß der Waisenjunge aufeinanderfolgend ebenfalls von drei Söhnen ihres Bruders gesehen wurde und alle drei starben in jungen Jahren. Jedesmal, wenn eines der Kinder erkrankt und mit hohem Fieber nach Hause gebracht worden war, zwölf Stunden vor seinem Tod, berichtete der Junge seufzend, er habe auf einem bestimmten Feld unter einem bestimmten Baum, einer Eiche, mit einem seltsamen Jungen gespielt – einem hübschen, verloren dreinschauenden Jungen, der sehr scheu gewesen sei und seltsame Zeichen gemacht habe. Die schicksalhafte Erfahrung lehrte die Eltern mit der Zeit, daß dies der Waisenjunge war und daß das Leben jenes Kindes, das er sich zum Spielkameraden erwählt hatte, an sein Ende gekommen war.

Es gibt Legionen deutscher Burgen und Schlösser, in denen wir alleine sitzen und darauf warten, daß das Gespenst erscheint. Wir werden in ein Zimmer geführt, das zu unserem Empfang vergleichsweise freundlich hergerichtet worden ist. Wir schauen uns darin um, schauen auf die Schatten, die durch das knisternde Kaminfeuer an die blanken Wände rundum geworfen werden. Wir fühlen uns ganz schrecklich allein, wenn der Besitzer der Dorfschänke und seine hübsche Tochter sich für die Nacht zurückgezogen haben, nachdem sie noch einen neuen Holzscheit im Kamin nachgelegt und auf dem kleinen Tisch einige Köstlichkeiten für das Abendessen zurückgelassen haben, darunter etwa kaltes Bratenfleisch, Brot, Trauben und eine Karaffe mit altem Rheinwein. Wenn sie die Räumlichkeiten verlassen, werden diese vom Hallen der Türen erfüllt, die in die Schlösser fallen, eine nach der anderen, wie Donnerschläge. Schließlich, während der ersten Stunden nach Mitternacht, machen wir die Erfahrung, daß es hier zahlreiche geheimnisvolle, übernatürliche Erscheinungen gibt. Legion ist die Zahl der deutschen Studenten, die vom Spuk heimgesucht werden und in deren Gesellschaft wir uns befinden, wenn wir näher an das Kaminfeuer heranrücken, während der Schüler in der Ecke weit und leuchtend seine Augen aufreißt und auf den Fußschemel schwebt, den er sich als Sitzplatz ausgesucht hat, und während die Tür sich langsam öffnet. Reiche Ernte können wir an solcherart Früchten einfahren, die auf unserem Weihnachtsbaum glänzen. Fast ganz oben an der Spitze stehen sie in voller Blüte und reifen nach unten hin auf den Zweigen.

Unter den späteren Spielsachen und Freuden, die dort hängen – häufig ebenso nutzlos, doch weniger einfach –, sind die Bilder, die man einst mit den Sternsingern in Verbindung gebracht hat, mit der herzerweichenden nächtlichen Musik, die ewig gleich erklingt. Möge das angenehme Bild meiner Kindheit unverändert bestehen bleiben, so wie es sich in den Gedanken an die gesellige Weihnachtszeit einrahmen läßt! In jeder fröhlichen Erinnerung und Anregung, die die Weihnachtszeit wachruft, möge der helle Stern, der über dem Dach des bescheidenen Hauses stand, der Stern der Christenheit sein. Der Baum verschwindet langsam. Nur einen Augenblick noch! Deine unteren Äste liegen für mich noch immer im Dunkeln – laß mich noch einmal schauen! Ich weiß, daß dort auch leere Flecken auf deinen Ästen sind, wo Augen, die ich geliebt habe, blitzten und lachten. Sie sind nicht mehr. Doch hoch oben sehe ich Ihn, wie Er das tote Mädchen und den Sohn der Witwe auffahren läßt. Gott ist gut! Wenn es die Zeit ist, die sich im unteren Teil des Baumes verbirgt, den ich nicht gesehen habe, und wenn sie dort auf mich wartet, darf dann ich, mit grauen Haaren, die Herzen der Kinder noch auf diese Figur aufmerksam machen und den Glauben und das Vertrauen der Kinder auf sie richten!

Jetzt ist der Baum geschmückt, mit leuchtendem Schmuck, mit Liedern, mit Tänzen, mit Freuden. Und sie sind höchst willkommen. Unschuldig und willkommen mögen sie ewig sein, unter den Zweigen des Weihnachtsbaums, die keine dunklen Schatten werfen. Doch als er langsam im Boden versinkt, höre ich ein Flüstern, das durch seine Nadeln klingt. »Dieser Baum strahlt zum Gedenken an die Liebe und die Freude, an die Gnade und das Mitgefühl. Er strahlt zum Gedenken an Mich!«

Elizabeth Gaskell

Stürmische und sonnige Weihnachten

In der Stadt mit Namen – (es spielt keine Rolle, wo) waren zwei Lokalzeitungen in Umlauf (es spielt auch keine Rolle, wann). Nun war die *Flying Post* ein alteingesessenes und allseits hoch angesehenes Blatt – dementsprechend war sie borniert und konservativ im Sinne der Tories. Der *Examiner* war geistreich und spritzig – dementsprechend war er allen neuen Ideen aufgeschlossen und radikal-demokratisch gesonnen. Woche um Woche enthielten diese Zeitungen Artikel, in denen man sich gegenseitig beschimpfte. Sie waren so bissig und gepfeffert, wie man sich Zeitungsartikel nur vorstellen kann. Ganz offensichtlich handelte es sich um das Produkt von Wirrköpfen, auch wenn sie scheinbar nach einer stereotypen Masche gestrickt waren: »Obgleich der Artikel, der in der Ausgabe der *Post* (oder des *Examiner*) von letzter Woche unter jeder Würde ist, sehen wir uns dennoch veranlaßt ...« etc., etc. Und jeden Samstag beglückwünschten sich die Ladenbesitzer, die den Radikalen zuneigten, und stimmten darin überein, daß die *Post* nun ein für allemal erledigt war, vernichtet durch den scharfsinnigen, cleveren *Examiner*. Auf der anderen Seite brachten die ehrwürdigeren Tories ihr Bedauern darüber zum Ausdruck, daß Johnson sich herabließ, für dieses Schmierblatt, daß nur von einigen wenigen vulgären Zeitgenossen gelesen werde, seinen Geist zu verschwenden; dennoch aber liege der *Examiner* in seinen letzten Zügen.

Dem war keineswegs so. Er lebte und florierte. Zumindest brachte er genug Geld ein, wie einer der Helden meiner Geschichte bestätigen konnte. Er war der verantwortliche Blattmacher oder was für eine Berufsbezeichnung auch immer man demjenigen geben mag, der als Leiter über den Herstellungsprozeß einer Zeitung wacht. Er beschränkte sich jedoch ganz und gar nicht auf diesen Bereich. Der Verleger wußte nichts davon, daß er das eine oder andere Mal, wenn ein Manuskript zu kurz ausgefallen war, den freien Raum mit eigenen Artikeln ausgefüllt hatte: Ankündigungen über die bevorstehende Ernte von grünen Erbsen im Dezember, ein Bericht von einer grauen Drossel, die gesichtet worden sei, oder von einem weißen Feldhasen oder ähnlich interessanten Erscheinungen. Sie waren samt und sonder, das muß ich zugeben, für die jeweilige Gelegenheit erfunden worden, aber wen kümmert das? Seine Frau wußte immer genau, wann sie eine kleine Kostprobe des literarischen Talents ihres Mannes zu erwarten hatte; ein bestimmtes Räuspern kündigte es an und fungierte als Einleitung. Und nach diesem ermutigenden Zeichen zu urteilen und aufgrund der erhobenen und emphatischen Stimme, mit der ihr Mann vorlas, sah sie sich zu der Annahme veranlaßt, daß die »Ode an eine frühe Rosenknospe«, die unter der Kolumne »Neue Dichtung« abgedruckt war, und der mit »Pro Bono Publico« unterzeichnete Brief auf der Leserbriefseite auf das Konto ihres Mannes gingen und daß sie ihren Kopf dem Anlaß entsprechend anerkennend heben müsse.

Ich konnte nie herausfinden, was die Hodgsons dazu bewogen haben mochte, im selben Haus wie die Jenkins zu leben. Jenkins bekleidete bei der Tory-Zeitung dasselbe Amt wie Hodgson beim *Examiner*, und, wie ich schon sagte, überlasse ich es Ihnen, dieser Tätigkeit einen Namen zu geben. Doch Jenkins hatte eine angemessene Vorstellung von seiner Position ebenso wie ein angemessenes Empfinden für die nötige Ehrfurcht vor allen Autoritäten, vom König bis hinunter zum Verleger und zum verantwortlichen Redakteur. Es wäre ihm ebensowenig in den Sinn gekommen, sich die Königskrone als Nachtmütze oder das königliche Zepter als Spazierstock auszuleihen, wie es ihm in den Sinn kam, irgendwelche freie Ecken in der Zeitung mit seinen eigenen Produktionen zu füllen. Und ich denke, daß es seine Verachtung für

Hodgson noch gesteigert hätte (so dies denn möglich war), wenn er von diesen »Geistesprodukten« gewußt hätte, als die letzterer stolz die Absätze, die er einfügte, bezeichnete, wenn er mit seiner Frau darüber sprach.

Auch Jenkins hatte eine Frau. Die Ehefrauen wurden benötigt, um den Streit komplett zu machen, der einst, vor ein paar Dutzend Jahren, in einer denkwürdigen Weihnachtswoche zwischen den beiden Nachbarn, den beiden Blattmachern, ausgebrochen war. Und mit den Ehefrauen war es ein ausgesprochen netter, ein richtiger Streit. Und um das Gleichgewicht auf beiden, sich gegenüberstehenden Seiten noch ausgewogener zu machen: Wo die Hodgsons ein Baby hatten (»Und was für ein Baby! Ein armes, schwächliches kleines Ding«), hatte Mrs. Jenkins eine Katze (»Und was für eine Katze! Ein großer, frecher, schnurrender Kater, der immerzu die Milch stahl, die für das Abendessen des kleinen Engels angeliefert worden war«). Doch nun, da ich die Armeen, die sich gegenüber standen, aufgebaut habe, wird es Zeit, daß ich mit dem Händeln des Krieges fortfahre. Es war der Tag vorm Weihnachtsfest. Ein kalter Ostwind blies und der Himmel war stahlblau. Rotblau waren die Gesichter der Leute, die es mehr als sonst hinaustrieb, um die letzten Einkäufe für den kommenden Festtag zu erledigen.

Bevor Mr. Jenkins an jenem Morgen das Haus verlassen hatte, hatte er seiner Frau ein wenig Geld dagelassen, um die Zutaten für das Essen am nächsten Tag kaufen zu können.

»Meine Liebste, ich wünsche Truthahn und Würstchen. Es mag eine Schwäche von mir sein, aber ich gebe zu, daß ich eine Vorliebe für Würstchen habe. Meine verstorbene Frau Mutter war da ebenso. Solche Geschmäcker sind erblich. Was den Nachtisch angeht – ob Plumpudding oder kleine Frucht-Pastetchen –, das überlasse ich ganz deiner Entscheidung. Ich bitte dich nur: achte nicht auf das Geld. Es ist nur einmal im Jahr Weihnachten.«

Und noch einmal, vom Fuß des ersten Treppenabschnitts aus, genau vor der Wohnungstür der Hodgsons (»Solch eine Großspurigkeit«, wie Mrs. Hodgson meinte), rief er nach oben: »Du wirst auch bestimmt nicht die Würstchen vergessen, meine Liebste?«

»Ich hätte gerne etwas ganz Besonderes gehabt, Mary«, sagte Hodgson, als auch sie ihre Pläne für den nächsten Tag machten, »aber ich glaube, ein Roastbeef muß uns genügen. Du weißt ja, Mary, wir haben nun mal eine Familie.«

»Nur ein Roastbeef, Jem! Ich brauche doch wirklich nicht mehr als Roastbeef. Bevor ich anfing, als Dienstmädchen zu arbeiten, wäre ein Roastbeef für Mutter und mich eine ganz ausgezeichnete Mahlzeit gewesen.«

»Gut, dann laß es uns so machen. Roastbeef und einen Plumpudding. Und nun mach's gut. Paß auf dich auf und schau schön nach dem kleinen Tom. Ich hatte den Eindruck, daß sich seine Stimme heute früh ein bißchen heiser anhörte.«

Und weg war er, auf dem Weg zur Arbeit.

Es war schon geraume Zeit her, daß Mrs. Jenkins und Mrs. Hodgson miteinander geredet hatten, aber dennoch hatten beide gleichermaßen von all den verschiedenen Vorfällen und den gegenseitigen Ansichten und Meinungen Kenntnis, so als würden sie miteinander reden. Mary wußte, daß Mrs. Jenkins sie verachtete, weil sie keine echte Spitzenhaube hatte, wie Mrs. Jenkins eine besaß, und weil sie ein Dienstmädchen gewesen war; Mrs. Jenkins war das nicht. Auch die kleinen gelegentlichen Finanznöte, die die Hodgsons gezwungenermaßen durchstehen mußten, um ihr Auskommen zu haben, hätte Mary mit äußerster Geduld ertragen, hätte es sie nicht gefuchst, daß Mrs. Jenkins von dieser notwendigen Sparsamkeit wußte. Aber sie hatte ihr Mittel der Rache. Sie hatte ein Kind, und Mrs. Jenkins hatte keines. Für ein Kind, sogar solch ein schwächliches Baby wie Klein-Tom, hätte Mrs. Jenkins die gewöhnlichsten Mützen getragen, die es gibt, und Kamine sauber gemacht und sich ihre Finger bis auf die Knochen aufgescheuert. Die große, unausgesprochene Enttäuschung ihres Lebens verdarb ihr Gemüt. Ihre Gedanken wandten sich nach innen, was sie verletzbar und selbstherrlich werden ließ.

»Dieser verdammte Kater! Er hat schon wieder gestohlen! Er hat so lange mit seinem widerlichen Maul an dem kalten Hammelfleisch herumgenagt, daß man es keinem Christen mehr vorsetzen kann. Dabei habe ich doch nichts anderes für Jems Abendessen. Aber dem werd' ich's geben, jetzt, wo ich ihn erwischt habe, ja, das werd' ich!«

Nach diesen Worten holte Mary Hodgson den Spazierstock, den ihr Mann immer sonntags benutzte. Trotz der Schreie und der Kratzer, mit denen die Katze sich wehrte, versetzte sie ihr harte Schläge, in der Hoffnung, dies werde sie von ihrer diebischen Veranlagung heilen. In diesem Augenblick, siehe da!, stand Mrs. Jenkins in der Tür, mit einem Gesichtsausdruck, der von bitterem Zorn kündete.

»Schämen Sie sich nicht, Gnädigste, ein armes, der Sprache nicht mächtiges Tier zu mißhandeln, Gnädigste, das es nicht besser weiß, als sich Futter zu holen, wenn es welches erspäht, Gnädigste? Es handelt nur nach seiner Natur, die Gott ihm gegeben hat, Gnädigste. Und es ist eine Schande, Gnädigste, daß Ihre Natur, die meines Wissens von der knauserigen, geizigen Art ist, Sie nicht veranlaßt, die Tür Ihres Vorratsschrankes ein wenig mehr zu schließen. Auch für wilde Tiere gibt es so etwas wie Recht und Gesetz. Ich werde Mr. Jenkins darauf ansprechen, aber ich denke nicht, daß diese Radikalen diese Gesetze schon abgeschafft haben, trotz all dieser Reformgesetzgebung, Gnädigste. Mein armes teures geliebtes Katerchen, ist er verletzt? Hat man ihm das Bein gebrochen für einen Bissen von irgendwelchen Resten, wie sie die meisten Leute wohl einem Bettler geben würden – wenn der so etwas überhaupt würde haben wollen?«, brachte Mrs. Jenkins ihre Rede zu Ende und warf einen verachtenden Blick auf die Überbleibsel eines mageren Stückchens Hammelfleisch.

Mary war sehr wütend und fühlte sich sehr schuldig. Denn sie empfand wirklich Mitleid mit dem armen hinkenden Tier, als dieses zu seinem Frauchen hinaufkroch und sich dort hinlegte, um sich selbst zu bedauern. Sie wünschte, sie hätte nicht so hart auf ihn eingedroschen, war es doch tatsächlich ihre eigene Sorglosigkeit, die Tür des Vorratsschranks nie richtig zu verschließen, die den Kater zu seinem Fehlverhalten verleitet hatte. Doch der Spott über ihr kleines Stück Hammelfleisch verwandelte ihre Reue wieder in Zorn, und sie warf Mrs. Jenkins, die dort im Treppenhaus stand und ihre Katze streichelte, mit solcher Wucht die Tür vor der Nase zu, daß der kleine Tom von dem Schlag aufwachte und zu schreien anfing.

Alles schien an diesem Tag schiefzugehen für Mary. Wer sollte jetzt, da das Baby aufgewacht war, ihrem Mann das Mittagessen ins Büro bringen?

Sie nahm das Kind auf den Arm und versuchte es wieder in den Schlaf zu wiegen, und als sie sang, weinte sie, ohne daß sie genau hätte sagen können, warum – eine Art Reflex auf ihre brutalen, wütenden Gefühle. Sie wünschte, sie hätte nie auf die arme Katze eingedroschen. Sie fragte sich, ob das Bein tatsächlich gebrochen war. Was würde ihre Mutter sagen, wenn sie wüßte, wie wütend und brutal ihre kleine Mary geworden war? Würde sie womöglich eines Tages in einem ihrer Wutanfälle ihr Kind schlagen?

Es hatte keinen Sinn, ein Wiegenlied zu singen, während ihr derart die Tränen flossen. Sie mußte aufhören und einfach das Kind auf ihren Armen tragen und zum Büro mitnehmen, denn die Mittagszeit war schon lange vorbei. Also schnitt sie sorgfältig das Hammelfleisch klein, obwohl dabei nur noch eine verschwindend geringe Menge übrigblieb. Sie nahm die Ofenkartoffeln aus der Röhre und ließ sie dampfend-heiß in ihren Korb fallen zu den übrigen Dingen wie Teller, Butter, Salz, Messer und Gabel.

Draußen blies in der Tat ein bitterkalter Wind. Sie stemmte sich ihm entgegen, als sie rannte, und die Schneeflocken waren scharf und kantig wie Eis. Das Baby schrie während des gesamten Weges, obwohl sie es in ihren Schal gehüllt hatte. Dann hatte ihr Mann sich aufgrund seines Appetits schon einen Kartoffelkuchen besorgt, und so hatte (bei einem Mann des Wortes wie ihm) sein Körper wesentlich mehr Fürsorge erhalten als sein

Geist, so daß er beim Anblick des kalten Hammelfleisches angewidert dreinschaute. Mary hatte keinen Appetit auf ihr eigenes Mittagessen, als sie wieder zu Hause angekommen war. Nachdem sie versucht hatte, das Baby zu füttern, das jedoch quengelte und Brot und Milch nicht wollte, legte sie es wie gewöhnlich auf seine Decke, die von Spielsachen umgeben war, und zog sich zurück und schnitt Rindertalg für den Pudding zu Weihnachten. Später am Nachmittag wurde ein Paket abgeliefert. Es war außen in braunes Papier und darunter in ein weißes, gebleichtes, wohlriechendes Handtuch eingepackt und enthielt eine Karte von ihrer lieben, lieben Mutter. In ihrer kuriosen Handschrift war sie bemüht, ihre Tochter wissen zu lassen, daß sie Weihnachten nicht vergessen worden war. Doch als sie erfahren hatte, daß Bauer Burton sein Schwein schlachtete, hatte sie sich für ein bißchen von seinem berühmten Schweinefleisch angemeldet, das sie zu einigen Würstchen verarbeitet hatte, die sie genauso gewürzt hatte, wie Mary es immer mochte, solange sie noch zu Hause lebte.

»Meine liebe, liebe Mutter!«, sagte Mary zu sich selbst. »Es gab niemanden auf der Welt wie sie, wenn es darum ging, an andere zu denken. Und die einzigartigen Würstchen, die sie machte! Hausgemachtes hat etwas ganz besonderes, was Gekauftes niemals bieten kann. Die alle mit ihren Würstchen können da nicht mithalten! Ich könnte mir vorstellen, wenn Mrs. Jenkins jemals Mutters Würstchen probiert hätte, könnte sie diesen Dingern nichts mehr abgewinnen, die hier in der Stadt produziert werden und die Fanny in diesem Augenblick einholt.«

Und so war sie mit ihren Gedanken weiter zuhause, bis das Lächeln und die Grübchen wiederkamen angesichts der Erinnerung an das hübsche Häuschen auf dem Land, das sogar jetzt, mitten im Winter, grünen würde, mit den Eiben und den Stechpalmen und dem großen portugiesischen Lorbeer, der der ganze Stolz ihrer Mutter war. Und der Weg hinter dem Haus, durch den Obstgarten, hin zum Hof von Bauer Burton. Wie genau sie sich an alles erinnerte! Die unreifen Äpfel, die sie scheffelweise dort gesammelt und an die Schweine verfüttert hatte, bis er sie ausschimpfte, weil sie ihnen so viel grünen Dreck gab.

Sie wurde unterbrochen – ihr Baby (ich nenne ihn Baby, weil sein Vater und seine Mutter dies taten und weil er so klein für sein Alter war, aber ich glaube, er war eigentlich schon achtzehn Monate alt). Das Kind war vor einer Weile inmitten seiner Spielsachen eingeschlafen. Ein schwerer, unruhiger Schlaf, aber Mary war froh darüber, denn am Morgen hatte es viel zu wenig geschlafen, und das, wo sie doch so beschäftigt war. Doch nun machte der Kleine derart seltsame, krächzende Geräusche, fast wie ein Stuhl, den man schwer und quietschend über den Küchenboden zog. Seine Augen waren weit geöffnet, drückten jedoch nichts anderes aus als Unwohlsein und Schmerzen.

»Mein kleiner Liebling!«, sagte Mary erschrocken und nahm ihn hoch. »Baby, mach doch nicht so schreckliche Geräusche. Husch, husch, mein Schätzchen. Was tut dir denn weh?« Aber das seltsame Schreien wurde schlimmer und schlimmer.

»Fanny! Fanny!«, rief Mary in Todesangst, denn ihr Baby war schon tiefblau von dem Keuchen, und sie hatte sonst niemanden, den sie um Hilfe oder Trost hätte bitten können, außer der Tochter der Hauseigentümerin, ein junges Mädchen von zwölf oder dreizehn Jahren, die sich während der Abwesenheit ihrer Mutter um das Haus kümmerte und tagsüber bei den vornehmen Familien als Köchin arbeitete. Fannys Zuständigkeit lag in besonderem Maße in der Sorge um die Bewohner der oberen Stockwerke (die für die Inanspruchnahme der Küchendienste zahlten, denn »Jenkins konnte den Geruch von Gebratenem nicht ertragen«). Gerade aber saß sie glücklicherweise über ihrer nachmittäglichen Tätigkeit, die darin bestand, Strümpfe zu stopfen. Als sie den Schreckensschrei von Mrs. Hodgson hörte, kam sie sofort zu ihrem Wohnzimmer gerannt und sah auf den ersten Blick, was los war.

»Er hat Keuchhusten! O, Mrs. Hodgson, er wird sterben, das ist so sicher wie das Amen in der Kirche. Mein kleiner Bruder hatte das, und er starb in Null Komma nichts. Der Arzt sagte, daß er nichts für ihn tun könne – es war schon zu weit fortgeschritten. Er sagte, wenn wir ihn gleich am Anfang in ein heißes Bad gesteckt hätten, hätte er vielleicht gerettet werden können. Aber, der Himmel sei mit Ihnen, er war nicht halb so schlimm dran wie Ihr Baby!« Unbewußt klang in ihren Worten ein bißchen die kindliche Freude daran mit, besonders drastische Effekte zu erzielen; nichtsdestoweniger aber war die zunehmende Gefahr deutlich genug sichtbar.

»O mein Baby! Mein Baby! O Liebes! Liebes! Bitte seh doch nicht so krank aus, ich kann es gar nicht mitansehen! Und mein Feuer ist so schwach! Da, ich war in Gedanken verloren an Zuhause, und ich hab' Rosinen aussortiert und dabei ganz das Feuer außer Acht gelassen. Oh, Fanny! Wie sieht das Feuer in der Küche aus? Sag doch was!«

»Mutter hat mir aufgetragen, es zusammenzufegen und ein bißchen Grus daraufzulegen, sobald Mrs. Jenkins fertig wäre, und genau so hab' ich's gemacht. Es ist sehr schwach und schwarz. Doch, ich bitte Sie, Mrs. Hogdson, lassen sie mich loslaufen und den Arzt holen – ich kann es nicht ertragen, den Kleinen zu hören. Es ist so sehr wie bei meinem kleinen Bruder.«

Unter Tränen bedeutete Mary ihr loszulaufen. Mary zitterte, sackte in sich zusammen und ihr Herz schmerzte, als sie den Kleinen in seine Wiege legte. Dann rannte sie los und setzte den Wasserkessel auf.

Mrs. Jenkins hatte ihrem Mann, als er zum Essen nach Hause kam, ein schönes kleines warmes Mahl zubereitet. Und als sie ihm die Geschichte vom Kätzchen und den Prügeln erzählte, war er zu Recht und mit aller Würde entrüstet und betonte, daß das alles von derselben Kategorie war wie dieser schändliche *Examiner*. Mr. Jenkins erhielt die Würstchen, den Truthahn und die Fruchtküchlein, die er bestellt hatte. Danach räumte Mrs. Jenkins ab und machte ein bißchen Ordnung im Zimmer, traf die Vorbereitungen für den abendlichen Tee. Dann beschwatzte und bedauerte sie tüchtig ihren Kater (der die Schläge weitgehend vergessen hatte, die Streicheleinheiten aber in ausgesprochenem Maße genoß). Nachdem Mrs. Jenkins all das und viele andere Dinge getan hatte, war es ihr ein Bedürfnis, ihre echte Spitzenhaube anzulegen. Jeder Faden wurde einzeln hervorgezogen und mit größter Sorgfalt zurechtgezupft. Doch dann – was war das? Draußen, in der Straße waren piepsende Kinderstimmen zu hören, die das alte Weihnachtslied sangen, das sie in den Tagen ihrer Kindheit und Jugend hundertfach gehört hatte:

As Joseph was a walking he heard an angel sing,
»This night shall be born our heavenly King.
He neither shall be born in housen nor in hall,
Nor in the place of Paradise, but in an ox's stall.
he neither shall be clothed in purple nor in pall,
But all in fair linen, as were babies all:
He neither shall be rocked in silver nor in gold,
*But in a wooden cradle that rocks on the mould« ...**

Sie stand auf und ging zum Fenster. Dort unten stand die Gruppe kleiner schwarzer Gestalten, vor dem Schnee geschützt, der nun alles verhüllt hatte. »Den guten alten Zeiten zuliebe«, so drückte sie sich aus, und aus ihrer Geldbörse suchte sie für jeden der Sängerknaben einen halben Penny heraus und warf die Geldstücke nach unten.

Im Zimmer war es kalt geworden, während sie das Geld abgezählt und nach unten geworfen hatte, so daß sie in dem Feuer, das ohnehin bereits glühte, stocherte und sich unmittelbar dicht davor setzte – doch achtete sie dabei

* Als Joseph seines Weges ging, hörte er 'nen Engel singen:
»In dieser Nacht wird der himmlische König geboren.
Nicht in einem Haus oder einem Saal wird er geboren werden,
Auch nicht im Paradies, sondern in eines Ochsen Stall.
Nicht in Purpur und nicht in Pallium wird er gehüllt,
Sondern ganz in weißes Leinen wie die Babies überall:
Nicht in Silber und nicht in Gold wird er gebettet,
Sondern in eine Krippe aus Holz, die auf dem bloßen Boden steht.«

darauf, daß ihre Spitzen nicht beschädigt würden. Wie Mary Hodgson begann auch sie an längst vergangene Zeiten zu denken; herzerweichende Erinnerungen kamen ihr ins Gedächtnis zurück, an diejenigen, die schon von uns gegangen waren, an längst vergessene Worte, an heilige Geschichten, die sie auf den Knien ihrer Mutter gehört hatte.

»Ich weiß nicht, was heute abend über mich gekommen ist«, sagte sie laut vor sich hin, und das Geräusch ihrer eigenen Worte ließ sie aus ihren Gedanken erwachen. – »Mein Kopf wandelt in den alten Zeiten. Bestimmt sind mir in der letzten halben Stunde bei den Gedanken an meine Mutter mehr Texte in den Sinn gekommen als während vieler, vieler Jahre. Ich hoffe nicht, daß ich womöglich sterben werde. Es heißt, wenn man zuviel an die Toten denken muß, ist das ein Zeichen, daß man ihnen bald nachfolgen wird. Ich würde nur ungern gerade jetzt diese Welt verlassen – allein schon wegen dem schönen Truthahn, den wir morgen zum Weihnachtsmenü haben werden!«

Klopf, klopf, klopf machte es an der Tür, so schnell wie Fingerknöchel nur irgend können. Und dann, als könne der Kommende es nicht abwarten, wurde die Tür geöffnet, und Mary Hodgson stand da, totenbleich.

»Mrs. Jenkins! – O Gott sei Dank, ihr Kessel ist heiß. Lassen Sie mich das Wasser haben, für mein Baby, ich bitte Sie, bei der Gnade Gottes! Es hat Keuchhusten und stirbt.«

Mrs. Jenkins drehte sich auf ihrem Stuhl um, und auf ihrem Gesicht lag ein hölzerner, unbeweglicher Ausdruck, den (ganz unter uns) ihr Mann sehr gut kannte und wegen seiner aufgesetzten Förmlichkeit fürchtete.

»Tut mir aufrichtig leid, Gnädigste, aber ich kann Ihnen diesen Wunsch nicht gewähren. Mein Kessel wird für den Tee meines Mannes benötigt. Hab keine Angst, Katzilein, Mrs. Hodgson wird nicht wagen, hier einzudringen, wo ihre Gegenwart unerwünscht ist. Sie sollten lieber den Arzt rufen, Gnädigste, anstatt hier händeringend Ihre Zeit zu verschwenden. Mein Kessel, Gnädigste, wird dringend benötigt.«

In einem Anflug aus leidenschaftlicher Erregung schlug Mary die Hände zusammen, aber sie sprach kein weiteres flehentliches Wort zu jenem hölzernen Gesicht – jener beißenden, entschlossenen Stimme. Doch als sie davonging, betete sie, Gott möge ihr Kraft geben für den bevorstehenden Kampf und Kraft, damit sie Mrs. Jenkins jemals würde vergeben können.

Mrs. Jenkins beobachtete sie, als sie widerspruchslos davonging wie jemand, der keine Hoffnung mehr hat. Dann schaute sie auf sich selbst, mit einem schärferen Blick als sie selbst ihn jemals auf jemand anderen gerichtet hatte.

»Was bin ich doch für ein Biest, Herr, vergib mir! Was ist der Tee meines Mannes im Vergleich zu dem Leben eines Kindes! Und erst recht bei einem Keuchhustenanfall, wo es auf jede Sekunde ankommt. Du griesgrämige alte Hexe, du! Es darf ruhig jeder wissen, daß du niemals ein Kind hattest!«

Sie war längst unten (den Kessel in der Hand), bevor sie ihre Selbstbeschimpfungen beendet hatte. Und als sie in Mrs. Hodgsons Wohnzimmer stand, lehnte sie jeden Dank ab (Mary hatte nicht die Stimme für viele Worte), sondern sagte steif: »Ich mache das zum Wohle des armen Babys, Gnädigste, in der Hoffnung, daß er gesund wird und später einmal Gnade gegenüber armen unschuldigen Tieren walten lassen wird, wenn er vergessen hat, seinen Vorratsschrank zu schließen.«

Doch sie half tatkräftig mit und tat viel mehr, als Mary in ihrer jungen Unerfahrenheit es sich hätte ausmalen können. Sie bereitete ein warmes Bad vor und prüfte die Temperatur mit dem Thermometer ihres Mannes (Mr. Jenkins war pünktlich auf die Sekunde, wenn es darum ging, jeden Tag die Temperatur festzuhalten). Sie wartete, bis die Mutter das Baby in den Waschtrog gesetzt hatte, wobei sie noch immer denselben strengen, beleidigten Gesichtsausdruck hatte, und dann ging sie wortlos nach oben. Mary hätte sie nur zu gern gebeten, dazubleiben, doch sie wagte es nicht. Als sie allerdings das Zimmer verließ, liefen ihr die Tränen stärker denn je die

Wangen herunter. Arme junge Mutter! Wie sie die Minuten zählte, bis der Arzt endlich kommen würde. Doch noch bevor er kam, stieg Mrs. Jenkins noch einmal, etwas in ihren Händen tragend, die Treppen hinunter.

»Ich habe eine ganze Menge solcher Keuchhusten-Anfälle gesehen, und ich nehme mal an, daß Sie nicht über diese Erfahrung verfügen, Gnädigste. Senfwickel sind eine zuverlässige Hilfe. Man legt sie auf den Hals. Ich habe oben einen vorbereitet, Gnädigste, und, mit Ihrer Erlaubnis, würde ich ihn dem armen kleinen Geschöpf umlegen.«

Mary fehlten die Worte, aber mit einem Nicken gab sie ihre dankbare Zustimmung.

Es fing an zu brennen, während sie noch immer schweigend zusammenstanden. Der Kleine schaute zu seiner Mutter auf, als suche er in ihren Blicken Kraft und Ermutigung, um den stechenden Schmerz ertragen zu können, doch sie weinte leise, als sie ihn so leiden sah, und ihre fehlende Zuversicht übertrug sich auf ihn, so daß er anfing, laut zu heulen. Sofort hatte Mrs. Jenkins ihre Schürze hochgehoben und damit die Sicht zu Marys Gesicht versperrt. »Bababa, Baby«, sagte sie so sanft und freundlich wie sie nur konnte. Sein kleines Gesicht strahlte ein wenig. Und als seine Mutter sich gefangen hatte, hielten die beiden Frauen den Kleinen bei guter Laune, bis sein Wickel Wirkung zeigte.

»Es geht ihm besser, o Mrs. Jenkins, sehen Sie doch, seine Augen! Welch eine Veränderung! Und er atmet ziemlich ruhig und gleichmäßig.«

Als Mary das sagte, kam der Arzt zur Tür herein. Er schaute sich seinen Patienten genau an. Dem Baby ging es wirklich besser.

»Es war ein hartes Vorgehen, aber die schnelle Heilung, die Sie erreicht haben, ist mehr wert als die Behandlung mit Pharmazeutika Stunden später. – Ich werde Ihnen noch ein Pulver schicken«, usw. usw.

Mrs. Jenkins blieb, um diese Ansicht abzuwarten (sie war in ihrem tiefsten Innern wunderbar erleichtert). Sie war gerade im Begriff, den Raum zu verlassen, als Mary ihre Hand ergriff und sie küßte. Sie konnte ihre Dankbarkeit nicht in Worte fassen.

Mrs. Jenkins machte ein pikiertes und betretenes Gesicht, so, als müsse sie nach oben gehen und sich unverzüglich die Hände waschen.

Doch trotz dieses bösen Blickes kam sie eine Stunde später oder so noch einmal leise nach unten, um zu sehen, wie es dem Baby ging.

Der kleine Herr schlief friedlich, nach all den Schrekken, die er seinen Freunden bereitet hatte. Und als Mary am Weihnachtsmorgen aufwachte und das kleine süße blasse Gesicht, das in ihren Armen lag, ansah, konnte sie sich kaum noch vorstellen, daß er so sehr in Gefahr gewesen war.

Als sie aufgestanden war (später als sonst), fand sie das ganze Haus in großer Aufregung. Was meint Ihr, was geschehen war? Das Miezekätzchen war zum Verräter seines besten Freundes geworden. Es hatte einige der Würstchen, die extra für Mr. Jenkins gekauft worden waren, aufgefressen und den Rest so sehr angenagt und zermatscht, daß nicht mehr daran zu denken war, sie noch zu essen. Der Appetit dieses Katers kannte keine Grenzen! Er hätte seinen eigenen Vater verschlungen, wenn dieser zart genug gewesen wäre. Und nun tobte und schrie Mrs. Jenkins: »Zum Teufel mit diesem Kater!«

Und das an Weihnachten! Und alle Geschäfte geschlossen! »Was ist ein Truthahn ohne Würstchen?«, fragte Mr. Jenkins schroff.

»O Jem!«, flüsterte Mary. »Hör doch, was für einen Aufstand er macht wegen der Würstchen – ich würde zu gern Mrs. Jenkins einige von Mutters Würstchen raufbringen; die sind doppelt so gut wie gekaufte.«

»Was spricht dagegen, meine Liebste? Würstchen bedeuten ja keine Verbrüderung. Ansonsten sind es seine politischen Ansichten, die ich auf gar keinen Fall respektieren kann.«

»Aber, ach Jem, wenn du sie letzten Abend bei dem Baby gesehen hättest! Ich bin sicher, sie wird mich ewig verachten, und ich will nichts darauf erwidern. Ich würde sogar ihren Kater zu den Würstchen einladen.« Mary hatte Tränen in den Augen, als sie ihren Sohn küßte.

»Geh besser hoch, Liebste, und gib sie dem Frauchen der Katze.« Und Jem kicherte leise, als er das sagte.

Mary legte die Würstchen auf eine Servierplatte, doch sie zögerte noch immer.

»Was soll ich sagen, Jem? Ich weiß nie, was ich sagen soll.«

»Sag: Ich hoffe, daß Sie von diesen Würstchen annehmen, weil es nämlich meine Mutter – nein, das ist grammatisch falsch –, sag, was immer dir zuerst einfällt, Mary, es wird sicher richtig sein.«

Mary brachte also die Würstchen nach oben und klopfte an die Tür. Als sie das »Herein« hörte, wurde sie furchtbar rot, aber sie ging zu Mrs. Jenkins und sagte: »Nehmen Sie diese, bitte. Mutter hat sie selbstgemacht.« Und noch bevor ihr geantwortet werden konnte, war sie schon wieder weg.

Gerade als Hodgson sich für den Kirchgang gerichtet hatte, kam Mrs. Jenkins nach unten und rief Fanny. Kaum eine Minute später betrat diese das Zimmer der Hodgsons. Sie übermittelte die besten Empfehlungen von Mr. und Mrs. Jenkins und richtete aus, daß diese hocherfreut wären, wenn Mr. und Mrs. Hodgson mit ihnen zu Abend essen würden.

»Und das Baby in einem Schal mit nach oben bringen würden, natürlich«, fügte Mrs. Jenkins' Stimme hinzu, die aus dem Treppenhaus aus der Nähe der Tür erklang, bis wohin Mrs. Jenkins ihrer Botschafterin gefolgt war. Es bestand gar kein Grund, an der Gewißheit eines jeden Wortes, das deutlich zu hören war, zu zweifeln.

Mary schaute ängstlich auf ihren Mann. Sie erinnerte sich seiner Worte, daß er nicht mit den politischen Ansichten von Mr. Jenkins übereinstimmen könne.

»Meinst du, es wäre dem Baby zuzumuten?«, fragte er.

»O ja doch«, antwortete sie erwartungsvoll. »Ich würde ihn ganz besonders warm einpacken.«

»Und ich habe unser Zimmer schon auf zweiundzwanzig Grad aufgeheizt, weil es so frostig-kalt ist«, führte die Stimme von außen ergänzend an.

Nun, was glaubt ihr, wie man die Sache zu einem Ende gebracht hat? Auf dem bestmöglichen Weg! Mr. und Mrs. Jenkins kamen herunter in das Zimmer von den Hodgsons, und man aß dort zu Abend. Turkey am oberen Ende, Roastbeef am unteren, Würstchen auf der einen Seite, Kartoffeln auf der anderen. Zweiter Gang: Plumpudding oben, Fruchtküchlein unten.

Und nach dem Abendessen wollte Mrs. Jenkins gern das Baby auf ihren Schoß nehmen, und dem Kleinen schien das ziemlich zu gefallen. Sie behauptete, er würde die echten Spitzen an ihrer Haube bewundern. Mary allerdings glaubte (obwohl sie das nicht sagte), daß er sich an ihren liebevollen Blicken und ihrem guten Zureden erfreute. Dann wurde er gut eingewickelt und vorsichtig zum Tee nach oben in Mrs. Jenkins' Zimmer getragen. Nach dem Tee entdeckten Mrs. Jenkins, Mary und ihr Mann ihre gemeinsame Begeisterung für Musik, und sie saßen da und sangen alte Lieder und Weisen bis ich-weiß-nicht-wann. Es wurde sehr spät, ohne daß ein Wort über Politik oder Zeitungen gewechselt worden wäre.

Bevor sie auseinandergingen, hatte Mary noch das Kätzchen auf ihre Knie gelockt. Denn Mrs. Jenkins wollte das Baby nicht abgeben, das auf ihrem Schoß schlief.

»Wenn sie stark beschäftigt sind, bringen Sie es zu mir. Machen Sie das ruhig, es wird mir ein wirkliches Vergnügen sein. Ich weiß, daß Sie eine ganze Menge zu tun haben müssen, mit einem zweiten unterwegs. Lassen Sie es zu mir hoch kommen. Ich werde mit höchster Sorgfalt auf ihn aufpassen. Hübscher kleiner Schatz, wie süß er aussieht, wenn er so daliegt und schläft.«

Als die Paare wieder für sich allein waren, erleichterten die Ehemänner gegenüber ihren Ehefrauen ihr Gewissen.

Mr. Jenkins sagte zu der seinen: »Weißt du, Burgess hat versucht mir einzureden, Hodgson wäre ein echter Blödmann, weil er ab und zu Absätze in den *Examiner* einfügt. Aber wie ich sehe, weiß er sehr wohl, wo sein Platz ist, und hat viel zuviel Verstand, um so etwas zu tun.«

Hodgson sagte: »Mary, Liebste, ich bin beinahe entzückt von der Art, in der Jenkins spricht (um so viel gepflegter, als ich erwartet hatte). Er vermutet, daß ich diese ›Pro Bono‹ und die ›Rosenknospe‹ geschrieben habe – wie dem auch sei, ich habe nichts dagegen, wenn du es erwähnst, falls dieses Thema einmal aufkommen sollte. Es wäre mir sehr recht, wenn er weiß, daß ich ein literarisch-gebildeter Mann bin.«

So! Meine Geschichte ist beendet. Ich hoffe, ihr findet sie nicht zu lang. Doch laßt mich noch eine Sache sagen, bevor ich mich verabschiede.

Wenn irgend jemand von euch irgendwelchen Streit hat oder Mißverständnisse oder Unfreundlichkeit oder eine kalte Schulter zu beklagen hat oder schüchtern ist oder mit jemandem Krach hat oder sich auf den Schlips getreten oder beleidigt fühlt, schließt einfach vor Weihnachten Freundschaft, ihr werdet um so vieles glücklicher sein, wenn ihr so handelt.

Ich bitte euch darum, um des alten Engelsgesangs willen, der vor so vielen Jahren von den Hirten vernommen wurde, als sie bei Nacht auf den Hügeln von Bethlehem Wache hielten.

Robert Browning

Halbert und Hob

Gibt es eine Ursache für diese harten Herzen? Oh, Lear, Daß es etwas jenseits der Natur geben muß, das sie besänftigt, scheint eindeutig.

I. Vater und Sohn

Rauh und wild ist die Landschaft im Norden, wo diese Geschichte spielt, und rauh und wild waren die zwei Männer, von denen hier die Rede ist. Der alte Halbert und sein Sohn Hob waren so etwas wie zwei Menschen, an denen die Zivilisation vorübergegangen war. Sie schienen nichts aufzuweisen, außer den harten und ungehobelten Instinkten unzivilisierter Geschöpfe. Sie stammten von einer wilden Sippe ab, und in ihnen, den letzten ihres Geschlechts, schien das Wilde und Rauhe seinen Höhepunkt gefunden zu haben. Sie waren keine Kriminellen, denn man konnte sie nicht des Diebstahls oder Mordes bezichtigen. Doch wenn man ihnen auch nur mit einem Wort krumm kam, war ihre Antwort ein Fausthieb.

Und ihre Fausthiebe waren keine Späße! Halbert war der Schrecklichere von beiden. Er war zwar nicht aufbrausender als Hob, denn Hob war der aufbrausendste Mensch, den man sich vorstellen kann, aber er war mit seinen siebzig Jahren der Stärkere. Ja, seine Stärke war so außergewöhnlich, daß sie es verdiente, mit einem Lied gepriesen zu werden:

Oho,. der alte Knochen war hart, hart wie der Stumpf einer Eiche.

Seit tausend Jahr'n war der Baum im Kern unversehrt.
Doch weniger beschädigt noch waren nach siebzig Jahr'n
Die Nerven, die wie Drahtseile in den Muskeln, im breiten Kreuz
Dieses gewaltigen Menschen lagen.

Ja, so waren diese beiden Männer:

Harsch und scharf in ihren Worten, rauh und brutal in ihren Taten.

Wen wundert es da, daß sie überall gehaßt und gefürchtet wurden! Wen wundert es, daß die wenigen Leute, die in dieser einsamen und rauhen Gegend lebten, die beiden mieden, wie man ein wildes Tier meiden würde. Denn sie erschienen wirklich mehr wie Bestien als wie Menschen.

Doch ungeachtet ihres wilden Gebarens leben auch Bestien gemeinschaftlich zusammen, und je mehr die Nachbarn die beiden mieden, umso mehr gaben sich Halbert und Hob mit ihrer eigenen Gesellschaft zufrieden. Sie verriegelten sich in ihrem kleinen Zuhause, das seit Urzeiten in Familienbesitz war, das jedoch mittlerweile vernachlässigt und vom Verfall bedroht war. Es machte den Eindruck, als würde es über den Köpfen der letzten Abkömmlinge des Geschlechts, das es beherbergt hatte, zusammenkrachen.

Die beiden hatten die Gewißheit, daß sie allein in der Welt waren und daß es niemanden gab, der nach ihnen kommen würde, und vielleicht war es diese Gewißheit, die sie zusammenhielt.

II. Der Streit

Man darf indes nicht glauben, daß die beiden brutalen Männer friedlich miteinander lebten. Die Höhlen wilder Bestien werden von Zeit zu Zeit erschüttert, weil es darin zu heftigen Auseinandersetzungen kommt, und genauso verhielt es sich mit der Unterkunft dieser beiden.

Schreie und Flüche und die Geräusche, die entstehen, wenn gekämpft wird und alles übereinander fällt, erreichten die Ohren der Nachbarn. Man fragte sich, wer von den beiden wohl umgebracht wird, doch man war vernünftig genug, sich nicht einzumischen. Denn nach all diesen Ausbrüchen und trotz all der Schläge, die ausgetauscht worden waren, sah keiner der beiden schlimmer aus als sonst, und sie waren genauso zufrieden mit ihrem Zusammenleben wie vorher.

Alle Nachbarn hingegen waren der Ansicht – und jeder ermahnte den andern, sich seine Worte genau zu merken –, daß diese Zustände so nicht weitergehen könnten.

»Irgendwann wird das ein Ende haben«, war die übereinstimmende Haltung.

Sie hatten völlig recht, aber das Ende kam – wie so oft – auf äußerst unerwartete Art und Weise.

Es geschah am Heiligen Abend. Draußen war es bitterkalt und hoher Schnee war gefallen und bedeckte den Boden, aber diejenigen, die in ihren Herzen das Weihnachtsfeuer am Glühen hielten, spürten die Kälte nicht. Das Fest der Liebe und des Friedens hatte den armen Leuten Trost gespendet und die Kinder glücklich gemacht.

Doch keines dieser Gefühle, die die Weihnachtszeit wachruft, herrschte in der Behausung von Halbert und Hob. Wahrscheinlich hatten sie vergessen, daß Weihnachten war.

Als sie beim Abendessen saßen, fingen sie an zu streiten. Der Anlaß war irgendeine dumme Kleinigkeit, die es nicht wert ist, daß man sich an sie erinnert oder sie erläutert. Sie trugen ihren Streit betont langsam und behäbig aus, als hätten sie das Gefühl, mehr davon zu haben, wenn sie sich nicht beeilten. Sie hatten die Fäuste in den Hosentaschen geballt, und jeder lauerte darauf, dem anderen eine Beschimpfung an den Kopf zu werfen, um sich danach wieder zurückzulehnen und sein Gegenüber überlegen und hämisch anzustarren.

Ein Zuschauer hätte sich wohl fast gewünscht, die beiden würden sich endlich prügeln. In diesem wohlkalkulierten Austausch von verletzenden Gemeinheiten zwischen Vater und Sohn lag eine unnatürliche Grausamkeit, die stärker war als Faustschläge. Fluch folgte auf Fluch, Beschimpfung auf Beschimpfung, so als handelte es sich um eine Wette zwischen den beiden, bei der jeder danach trachtete, den anderen an Boshaftigkeit und Verunglimpfung zu übertreffen.

Doch schließlich wichen die Worte den Taten.

Der alte Mann, mit einem Gesicht, das blau war vor Wut und Erregung, hatte gerade einen Fluch wie hochkonzentriertes Gift seinem Sohn entgegengespuckt, als dieser, knurrend wie eine Bestie, seinem Vater an die Gurgel sprang.

»Raus hier! Verschwinde!«, brüllte er und warf dem Alten eine Gemeinheit an den Kopf, die alles andere, bisherige noch übertraf. »Dieser Ort hier ist zu heiß – hier ist kein Platz für uns beide! Sieh zu, daß du wegkommst, du –, und koch draußen im Schnee ab! Begrab dich selbst im Schnee, so sparst du den Preis für einen Blechsarg, wie ihn die Bettler kriegen!«

Warum leistete der alte Mann keinen Widerstand? Er war groß und kräftig genug und hätte seinen Sohn noch immer verprügeln können, wenn er gewollt hätte. Ganz bestimmt wollte er Hob auf den Boden werfen und ihn mit Schlägen und Tritten bearbeiten.

Aber nein: Er schloß die Augen, senkte den Kopf und ließ die Arme sinken. Er, der brutale alte Mann mit dem bitterbösen Mundwerk, war auf einmal regungs- und sprachlos. Er wirkte wie ein geduldiger Wachposten, der das Feuer des Gegners über sich ergehen läßt, weil es ihm sein Hauptmann so befohlen hat.

Das war nichts als ein Trick, dachte Hob. Der alte Mann spielte den Feigling und war bereit nachzugeben, aus Angst vor einer Nacht im Schnee.

»Diese Masche wird dir nichts bringen!«, schrie er. »Mach, daß du raus kommst – hörst du? Wenn du nicht wie ein Mann hinausgehen kannst, dann kriech auf allen vieren wie ein Hund!«

Und er zog seinen Vater von dessen Stuhl am Kaminfeuer auf den Boden, schleifte ihn über den Boden durch das Zimmer zur Treppe, schleifte ihn die Treppe hinunter zur Tür.

Die Tür war noch nicht ganz erreicht, als diese schändliche und schreckliche Szene ein plötzliches Ende fand.

III. Der Finger Gottes

Die Szene, die darauf folgte, war unendlich befremdlicher.

Der alte Mann, der bis dahin leblos wie ein Stück Holz in der Gewalt seines Sohnes war, öffnete plötzlich seine Augen. Das Feuer des Hasses war in ihnen erloschen. Halberts Schläfen, die noch einige Minuten zuvor schwarz vor lauter Wut waren, waren nun weiß wie im Tode. Er hatte seine Hände gefaltet und schaute ergeben seinen Sohn an, der noch immer mit einem Würgegriff seinen Hals umfaßt hielt.

»Hob«, sagte er mit einer Stimme, die weicher war, als Hob sie jemals aus seinem Munde vernommen hatte, »Hob ...«.

Hob verharrte in stillem Erstaunen, seine Hände unbeweglich am Hals seines Vaters.

»Es war vor vielen Jahren an einem Weihnachtsabend«, fuhr der alte Mann fort, in demselben außergewöhnlichen Tonfall, der irgendwie das Blut seines Sohnes in den Adern erstarren ließ. »Wir hatten einen heftigen Streit, mein Vater und ich, genauso wie du und ich gestritten haben. Als du gerade über mich hergefallen bist, habe ich alles wieder ganz deutlich vor mir gesehen. Ich zog meinen Vater herunter, genau an diese Stelle – als eine Stimme zu mir zu sprechen schien. Ich bereute, was ich meinem alten Vater antat. Ich hörte auf.

Hob, auch du empfindest Reue. Nicht um meinetwillen, sondern wegen deiner selbst! Warte – versuche die Stimme zu hören, die ich damals hörte! Wage es nicht, diesen letzten Schritt zu tun! Wage es nicht, dich über den erhobenen Finger Gottes hinwegzusetzen! Ich wagte es damals nicht. Und das war richtig so. Ich habe rechtzeitig aufgehört. Hör also auch du auf.«

Der alte Mann hielt inne und schloß seine Augen wieder. Er wartete ab.

Langsam nahm der Sohn seine Hände vom Hals seines Vaters.

Langsam begaben sich die beiden Männer wieder nach oben und in völliger Stille gingen sie zu ihren Sitzplätzen zurück. Ohne ein Wort, ohne ein Zeichen, ohne eine Regung verbrachten sie ihren restlichen Weihnachtsabend.

IV. Der Preis der Lektion

Das schwache Licht bei Morgengrauen enthüllte den alten Mann, der noch immer in seinem Stuhl saß. Sein böses, altes Gesicht zeigte Spuren von dem tiefen inneren Tumult der letzten Nacht, obwohl jetzt alles vorüber war. Er war tot.

Vor ihm kauerte sein Sohn. Er zitterte und war auf einmal stark gealtert.

Welche Stürme hatten in den Seelen dieser beiden einfachen, unzivilisierten Geschöpfe getobt und gewütet! Welch unnatürlicher Haß, welch plötzliche Ahnung von einem alten, über ihrer Familie lastenden Fluch, welch grauenhafte Erfahrung von nichtgekanntem Schrecken! Welch unausweichliche Verdammnis!

Beim Begräbnis des alten Mannes stützte sich sein Sohn auf einen geliehenen Stock. Schwankend und taumelnd folgte er dem Sarg, und seine ernsten, schweigenden Lippen waren entspannt. Er murmelte unablässig vor sich hin.

»Er schimpft und flucht wie immer!«, sagten die jüngeren Leute, die die Beisetzung verfolgten.

»Nein«, dachten die älteren Leute. »Er betet.«

Auf dem Rückweg von der Kirche lief ein Jugendlicher hinter Hob her und bewarf ihn mit Steinen. Es war bedauernswert, wie er sie aufhob und in seinen zitternden Armen nach Hause trug.

Für den Rest seines Lebens blieb er ein wackeliger, vor sich hin murmelnder alter Mann, den die furchtbare Gnade Gottes zerrüttet hatte. Er starb in Frieden.

Anthony Trollope

Der Mistelzweig

»Laß die Jungens ihn doch haben, wenn sie ihn so mögen«, sagte Mrs. Garrow und plädierte damit bei ihrer einzigen Tochter zugunsten ihrer beiden Söhne.

»Bitte nicht, Mama«, erwiderte Elizabeth Garrow. »Das alles ist doch nur Unfug. In meinen Augen ist es verabscheuungswürdig. Ich bin sicher, es gehört nicht zu den Dingen, die Miss Holmes gefallen würden.«

»Wir hatten ihn doch immer zu Weihnachten, als wir jung waren.«

»Aber, Mama, die Welt hat sich so sehr verändert!«

Der Gegenstand dieser Auseinandersetzung war von äußerst delikater Natur. Nicht einmal in der Literatur läßt er sich in all seinen Ausmaßen diskutieren, und die bloße Tatsache, daß er zwischen Mutter und Tochter Erwähnung fand, zeugt von einem Höchstmaß an enger Vertrautheit zwischen den beiden. Die Auseinandersetzung drehte sich um nicht weniger als dies: sollte jener Mistelzweig, den Frank Garrow aus dem Wald bei Lowth mit nach Hause gebracht hatte, gemäß seinem Wunsch am Weihnachtsabend im Speisesaal von Thwaite Hall aufgehängt werden, oder sollte die Erlaubnis für ein solches Anbringen grundsätzlich verweigert werden? Es war dies zweifelsohne ein Vorgang, der nach einer solchen Diskussion nicht stattfinden konnte, und daher fiel die Entscheidung von Mrs. Garrow dagegen aus.

Ich neige der Ansicht zu, daß Miss Garrow recht hatte mit ihrer Feststellung, daß die Welt sich in bezug auf das Berühren von Mistelzweigen verändert hat. Küssen, so fürchte ich, ist heute ein weitaus unschuldigerer Vorgang als zu jener Zeit, als unsere Großmütter jung waren, und wir sind, was unser Vergnügen betrifft, weitaus feinfühliger geworden. Nichtsdestoweniger glaube ich, daß sie sich selbst dabei dem Spott aussetzte, mit dem ihre Brüder sie attackierten.

»›Honi soit qui mal y pense‹«, sagte der achtzehnjährige Frank.

»Niemand wird das Bedürfnis haben, dich zu küssen, meine verehrte Madame Feingeist«, sagte Harry, der genau ein Jahr jünger war.

»Weil Du dich entschieden hast, Puritanerin zu sein, gibt es keinen Kuchen und kein Bier mehr im Haus«, betonte Frank.

»Stille Wasser sind tief, das wissen wir alle«, fuhr Harry fort.

Die Jungs waren nicht dabei gewesen, als die Frage von Mrs. Garrow und ihrer Tochter diskutiert und entschieden wurde, noch war die Mutter anwesend, als diese kleinen Freundlichkeiten zwischen Bruder und Schwester ausgetauscht wurden.

»Es ist nur so, daß Mama die Entscheidung getroffen hat, und ich möchte nicht den Anschein erwecken als würde ich mich gegen sie wenden«, sagte Frank. »Ich würde meinen Vater fragen. Er würde solchen Unsinn mit Sicherheit nicht zulassen.«

Elizabeth wandte sich ohne zu antworten ab und verließ den Raum. Sie war den Tränen nah, aber sie wollte ihre Brüder nicht merken lassen, daß sie sie getroffen hatten. Sie waren erst zwei Tage von der Schule zu Hause, und während der letzten beiden Wochen vor ihrem Eintreffen hatten sich all ihre Gedanken darum gedreht, die Vorbereitungen zu treffen, um ihnen ein angenehmes Weihnachtsfest zu bereiten. Sie hatte ihre Zimmer hergerichtet und alles warm und hübsch gemacht. Von ihrem eigenen Geld hatte sie für den einen Bruder einen Gewehrriemen und für den anderen ein Paar Schlittschuhe gekauft. Sie hatte den alten Reitknecht angewiesen, daß ihr Pony während der Ferien ausschließlich Master Harry zur Verfügung stehen solle, und nun war es Harry, der zu ihr sagte: »Stille Wasser sind tief.« Sie hatte sich dazu hinreißen lassen, all ihre Eloquenz einzusetzen, um ihren Vater dazu zu bringen, dieses Gewehr für Frank zu kaufen, und nun war es Frank, der sie eine Puritanerin schimpfte. Und warum? Sie wünschte nicht, daß ein Mistelzweig in ihres Vaters Haus hinge, wenn Godfrey Holmes käme um ihm einen Besuch abzustatten. Sie konnte dies Frank nicht erklären, aber Frank hätte scharfsinnig genug sein können, es zu begreifen. Doch Frank dachte einzig an Patty Coverdale, ein lebhaftes junges Mädchen, sechzehn Jahre alt, mit blauen Augen, die gemeinsam mit ihrer Schwester Kate aus Penrith kommen würde, um Weihnachten in Thwaite Hall zu verbringen. Langsamen und eleganten Schrittes, wie es für sie charakteristisch war, verließ Elizabeth den Raum und verbarg ihre Tränen – verbarg jegliches Gefühl, ganz so, wie sie es sich in letzter Zeit angewöhnt hatte, weil sie glaubte, ein solches Verhalten entspreche einer gewissen Weiblichkeit. »Da geht meine ›verehrte Madame Feingeist‹!« schickte ihr Harry mit schriller Stimme hinterher.

Thwaite Hall war kein Ort, an dem irgendeine Art von Prunk zur Schau gestellt wurde. Es war ein Haus von moderater Größe, umgeben von hübschen Gartenanlagen und Büschen. Es erstreckte sich bis hinunter zu dem Fluß Eamont, an der Seite des Flusses, die zu Westmoreland gehört, mit einem Blick auf das wunderschöne Waldufer auf der anderen Seite des Flusses, die zu Cumberland gehört. Bekanntlich enspringt der Eamont dem See Ulleswater. Er trennt die beiden Grafschaften, fließt unter der Brücke von Penrith hindurch und an den alten Ruinen von Brougham Castle vorüber, bevor er danach in den Eden mündet. Thwaite Hall lag beschaulich und nahe bei dem klaren Gebirgsfluß, ungefähr auf halbem Weg zwischen Ulleswater und Penrith, und war genau an einer Biegung des Flusses errichtet worden. Die Fenster des Speisesaals und des Wohnzimmers standen im rechten Winkel zueinander, und dennoch gab jedes von beiden den Blick auf den Fluß frei. An einer Seite des Hauses waren Stufen in den roten Felsen gehauen worden, die unmittelbar an das Wasserufer führten, und hier war stets ein kleines Boot an einer Kette festgemacht. Die Kette war durch den Fluß gelegt und an Pfeilern befestigt worden, die an jeder Seite in den Felsen gehauen waren. Auf diese Weise wurde das Boot über den Fluß hin und her bewegt, ohne daß Ruder oder Paddel benötigt wurden. Von der anderen Seite aus führte ein Weg durch den Wald und über die Felder nach Penrith, und dies war die gängige und viel benutzte Verbindung zwischen Thwaite Hall und der Stadt.

Major Garrow war ein regierungsamtlicher Ingenieur im Ruhestand, der alle Teile der Welt gesehen hatte und der nun seinen Lebensabend auf dem kleinen Anwesen verbrachte, das durch das Vermächtnis seines Vaters in seinen Besitz gekommen war. In seinen Händen hielt er etwa vierzig Acker Land, und ihm gehörte ein kleines Hofgut in der Nähe, das an einen Pächter vermietet worden war. Zusammen mit seinen halben Bezügen und den Zinsen aus dem Guthaben seiner Frau, das sich auf etwa tausend Pfund belief, brachte dies genug ein für die Ausbildung der Kinder und reichte aus, um den Wolf in ausreichender Distanz von seiner Tür fernzuhalten. Er selbst war ein hagerer, dünner Mann mit stillen, gemütlichen, literarischen Gewohnheiten. Er hatte sein Lebenswerk verrichtet, aber er hatte dies so getan, daß es ihm möglich war, das zu genießen, was für ihn übrig blieb. Die einzige ihm verbliebene Sorge war, daß seine Kinder ihren Platz im Leben finden mochten, und – soweit er sehen konnte – bestand diesbezüglich kein Anlaß, Enttäuschung zu befürchten. Sie waren schlaue, gutaussehende, gutbetuchte junge Leute, und alles in allem läßt sich sagen, daß die Sonne hell und strahlend auf Thwaite Hall schien.

Früher war es in der Familie Brauch, während der Weihnachtstage eine Art Treffen auf Thwaite Hall abzuhalten. Godfrey Holmes war der Fürsorge Major Garrows anvertraut worden, und da er die Weihnachtsferien immer bei seinem Patron verbracht hatte, war daraus wohl diese Gepflogenheit entstanden. Ferner waren da die Coverdales, Cousins der Garrows, und als sie noch Kinder waren, waren auch sie gewöhnlich dort. Mit der Tradition war am letzten Weihnachtsfest gebrochen worden, denn der junge Holmes war im Ausland. Bis dahin waren sie alle Kinder gewesen, außer ihm. Doch nun, da sie sich alle wiedersehen sollten, waren sie keine Kinder mehr. Elizabeth war auf jeden Fall keines mehr, denn sie zählte bereits neunzehn Sommer. Und Isabella Holmes kam. Isabella war zwei Jahre älter als Elizabeth und war in Brüssel erzogen worden. Außerdem war sie vergleichsweise eine Fremde in Thwaite Hall, da sie nicht bei jenen früheren Weihnachtstreffen dabei gewesen war.

Und nun muß ich um Erlaubnis bitten, meine Geschichte damit zu beginnen, daß ich das Geheimnis einer Dame verrate. Elizabeth Garrow war bereits in Godfrey Holmes verliebt gewesen, oder vielleicht trifft es die Sache besser zu sagen, daß Godfrey Holmes bereits in Elizabeth Garrow verliebt gewesen war. Sie waren bereits verlobt. Und, man höre!, sie waren bereits übereingekommen, daß die Verlobung gelöst werden sollte. Der junge Holmes war noch keine siebenundzwanzig Jahre alt. Er war bei einer Bank in Liverpool angestellt, – nicht als Buchhalter, sondern als Assistent der Geschäftsführung, mit einem hohen Gehalt. Er war ein wohlhabender Mann von Welt, der außerdem über eigenes Geld verfügte und der sich eine Heirat würde leisten können . Noch zwei Jahre zuvor, am Abend bevor er Thwaite Hall verließ, hatte er mit einem Flüstern, daß keinen Zweifel erlaubte, Elizabeth gesagt, daß er sie liebe, und sie hatte sich zitternd zu ihrer Mutter geflüchtet. »Godfrey, mein Junge«, hatte der Major zu ihm gesagt, als er sich am nächsten Morgen von ihm verabschiedete, »Bessy ist noch ein Kind und zu jung, um schon an so etwas zu denken.« Am nächsten Weihnachtsfest war Godfrey in Italien, und die Sache war vergessen; so zumindest versicherten Vater und Mutter einander. Aber die jungen Leute hatten sich im Sommer getroffen, und ein glücklicher Brief von dem Mädchen erreichte die Mutter zu Hause: »Ich habe ihn akzeptiert, liebste, liebste Mama! Ich liebe ihn aufrichtig! Aber sag es noch nicht Papa, denn ich habe ihn noch nicht ganz akzeptiert. Ich denke, ich bin sicher, aber ich bin nicht ganz sicher. Ich bin mir nicht ganz sicher über ihn.« Und dann, zwei Tage später, kam ein anderer Brief, der bei weitem nicht glücklich war:- »Liebste Mama, – es soll nicht sein. Es steht nicht im Buche geschrieben. Wir sind beide übereingekommen, daß es nicht geht. Ich bin so froh, daß Du es dem guten Papa nicht gesagt hast, denn ich könnte es ihm niemals begreiflich machen. Du wirst es verstehen, denn ich werde Dir alles erzählen, bis hin zu seinen genauen Worten. Aber wir stimmen überein, daß es keinen Streit geben soll. Alles soll genau so sein, wie es war, und er wird, wie immer, an Weihnachten kommen. Eine Trennung zwischen ihm und Papa wäre nicht gut, noch könnten wir nun Isabella von uns weisen. Es ist in jeder Hinsicht besser so, denn es gibt keinen Streit und braucht keinen zu geben. Wir mögen einander noch immer. Ich bin sicher, daß ich ihn mag, aber ich weiß auch, daß ich ihn nicht als seine Frau glücklich machen könnte. Er sagt, es sei mein Fehler. Ich habe in jedem Fall kein einziges Mal zu ihm gesagt, daß ich denke, daß es seiner sei.« Aus alledem ist gewiß zu erkennen, daß das Vertrauensverhältnis zwischen Mutter und Tochter ausgesprochen eng war.

Elizabeth Garrow war ein sehr liebes Mädchen, ja, es ist beinahe die Frage, ob sie nicht zu lieb war. Sie hatte gelernt oder dachte gelernt zu haben, daß die meisten Mädchen geistlos, dumm und zu nichts nutze sind – in der Hauptsache dem Durst nach Unterhaltung und dem Verlangen nach Liebhabern ergeben –, und sie hatte beschlossen, keine von diesen sein zu wollen. Fleiß, eigene Zurückhaltung und ein religiöser Lebensinhalt waren die Aufgaben, die sie sich selbst gesetzt hatte; und sie machte sich an die Erfüllung derselben mit viel Entschlossenheit. Doch so sehr solche Tugenden auch dazu geeignet sein mögen, eine junge Dame für die Aufgaben des Lebens zu wappnen, so sehr können sie ebenfalls, wenn man zu weit geht, zur Folge haben, daß sie für diese Aufgaben nicht gewappnet ist. Als Elizabeth Garrow für sich beschloß, daß das Finden eines Ehemannes nicht das Summum bonum im Leben sei, war dies sehr richtig. Es ist sehr zu begrüßen, wenn eine junge Dame sich selbst in der Lage sieht, glücklich ohne einen Mann durch die Welt zu gehen. Aber als sie sich dies beibrachte, lehrte sie sich auch zu glauben, daß ein besonderes Verdienst darin läge, wenn sie sich der natürlichen Freuden eines Liebhabers versagt. Dabei war der Besitz eines Liebhabers durchaus mit den Pflichten vereinbar, die sie vor sich selbst, vor ihrem Vater, ihrer Mutter und der gesamten Welt besaß. Es war keineswegs so, daß sie beschlossen hatte, keinen Liebhaber zu haben. Einen solchen Entschluß traf sie nicht, und wenn der geeignete Liebhaber käme, würde er Zugang zu ihrem Herzen erhalten. Aber sie gab sich unbewußt selbst eine Erklärung ab, daß sie einen Bewacher über sich selbst setzen müsse, um nicht von ihrem eigenen Glück betrogen und in eine Schwäche getrieben zu werden. Sie hatte beschlossen, daß sie ihren Herrn lieben, aber ihn nicht verehren würde, und daß sie ihr Herz nur so weit geben würde, wie es einem menschlichen Wesen wie ihr angemessen war. Sie hatte diesen hehren Ansprüchen gemäß gehandelt, und so war es – und nicht ganz unverständlicherweise – dazu gekommen, daß Herr Godfrey Holmes ihr verkündet hatte, daß es »ihr Fehler« war. Sie hatte beschlossen, ihren Liebhaber nicht zu verehren, wohingegen er möglicherweise beschlossen hatte, daß er verehrt werden wolle.

Sie war ein hübsches, liebreizendes Mädchen, mit geschmeidigem dunkelbraunen Haar und geschmeidigen, langen, dunklen Wimpern. Ihre grauen Augen waren sanft und glänzend, ihr Gesicht war oval, und die Züge ihrer Wangen und ihres Kinns waren von perfekter Symmetrie. Sie war allgemein zurückhaltend in ihrem Auftreten, doch wenn sie gereizt wurde, konnte sie eine gewaltige Energie entwickeln und eine sehr emotionsgeladene und geradezu feurige Sprache finden. Ihr Fehler war eine zu große Ehrfurcht vor Formen von Märtyrertum im allgemeinen und ein Gefühl, dessen sie sich nicht bewußt war, daß es sich für eine junge Frau schicke, wenn sie im Geheimen unglücklich ist, – daß es sich für eine junge Frau schicke, so sollte ich besser sagen, wenn sie einen Quell des Unglücks in sich trägt, der der Welt insgesamt verborgen bleibt und den sie ohne jede Beeinträchtigung ihres äußeren Liebreizes erduldet. Wir kennen die Geschichte des Jungen aus Sparta, der den Fuchs unter seiner Tunika trug. Der Fuchs biß ihm in seine Eingeweide, doch der junge Held sagte kein Wort. Bessy Garrow nun neigte dazu, zu glauben, daß es gut sei, einen Fuchs zu haben, der einen immerzu beißt, ohne daß die Qualen irgendwelche Veränderungen ihres äußeren Lächelns bewirken. Jetzt, in diesem Augenblick, biß der Fuchs in ihr schmerzhaft zu, aber sie ertrug es, ohne mit der Wimper zu zucken.

»Wenn es dir lieber wäre, daß er nicht kommen soll, würde ich dies in die Wege leiten«, sagte ihre Mutter zu ihr.

»Nein, um alles in der Welt!« hatte sie erwidert. »Ich würde mich niemals mehr wohl in meiner Haut fühlen.«

Mehr als einmal schon hatte ihre Mutter ihre Meinung hinsichtlich der Frage geändert, welchen Weg sie gehen sollte, und dachte dabei einzig an das Wohl ihrer Tochter. »Wenn er kommt, werden sie sich versöhnen, und sie wird glücklich sein«, waren ihre ersten Gedanken. Dann jedoch spürte sie in Bessys Worten, wenn diese von Mr. Holmes sprach, eine strenge, geschäftsmäßige Entschiedenheit, die ihre Hoffnungen zerstörte, und eine Zeit lang hielt Mrs. Garrow es für besser, wenn der junge Mann nicht käme. Doch Bessy wollte dem nicht zustimmen. Es würde ihren Vater verärgern, die Planungen anderer Leute aus dem Ruder bringen und eine Schwäche ihrerseits offenbaren. Er sollte kommen, und sie würde es, ohne mit der Wimper zu zucken, ertragen, während der Fuchs an ihrem Herzen nagte.

Dieser Kampf um den Mistelzweig war am Morgen vor dem ersten Weihnachtsfeiertag ausgefochten worden, und die Holmes kamen an Heiligabend. Isabella war vergleichsweise fremd und erhielt daher anfangs besondere Aufmerksamkeit. Sie und Elizabeth hatten sich einmal getroffen und hatten während der letzten ein oder zwei Jahre einander geschrieben, aber sie standen in keinem persönlichen Verhältnis zueinander. Es war bedauerlich für Elizabeth, daß die Geschichte von Godfreys Antrag und der Einwilligung Isabella berichtet worden war, ebenso natürlich wie die darauffolgende Geschichte ihrer Trennung. Denn nun würde es unmöglich sein, dieses Thema in ihren Gesprächen zu vermeiden. »Liebste Isabella, nimm die Sache so, als sei das alles nicht geschehen«, hatte sie in einem ihrer Briefe gesagt. Doch manchmal ist es schwierig, die Dinge so zu nehmen, als hätten sie nicht stattgefunden.

Der erste Abend ging sehr gut vorüber. Die beiden Mädchen von den Coverdales waren da, und es wurde viel geredet und gelacht. Es herrschte eine eher jugendliche Atmosphäre, aber das war insgesamt nichts Schlechtes. Isabella Holmes war ein schönes, großes, gutaussehendes Mädchen, frohen Mutes und jeder Freude wohlgesonnen. Ihre Verhaltensweisen waren etwas französisiert, und sie war durchaus in der Lage, auf eigenen Füßen zu stehen. Dennoch stand sie nicht über den Spielchen und Neckereien, die man in der Runde trieb, und erhob ihre Nase nicht vor den Jungens. Godfrey benahm sich ausgezeichnet, sprach viel mit dem Major, ohne jedoch auch nur im geringsten Miss Garrow auszuweichen. Obgleich Mrs. Garrow ihn kannte, seit er ein kleiner Junge war, hegte sie eine Abneigung gegen ihn, seit sich der Streit mit ihrer Tochter zugetragen hatte. Aber an diesem ersten Abend gab es keinen Anlaß, diese Abneigung zu zeigen, und alles ging gut zu Ende.

»Godfrey hat sich vorzüglich entwickelt«, sagte der Major an diesem Abend zu seiner Frau.

»Findest du?«

»Ja, ganz ehrlich. Er ist gereift und ein ansehnlicher Mann geworden.«

»Was die persönliche Erscheinung betrifft, meinst du. Ja, er sieht recht gut aus.«

»Und auch in seinem Auftreten. Er ist außerordentlich erfolgreich in Liverpool, laß dir das gesagt sein. Und falls er an Bessy denken sollte«-

»In dieser Richtung tut sich nichts«, sagte Mrs. Garrow.

»Er hat mit mir darüber gesprochen, weißt du, vor zwei Jahren. Bessy war damals noch jung, genau so wie er ja auch. Aber wenn sie ihn mag-«

»Ich glaube nicht, daß sie das tut.«

»Dann eben genug davon.« Und so gingen sie zu Bett.

»Frank«, rief die Schwester ihren älteren Bruder, als sie an dessen Tür klopfte, nachdem alle nach oben gegangen waren, »darf ich reinkommen, falls du noch nicht im Bett bist?«

»Im Bett!« erwiderte er und blickte mit ein wenig Stolz von seinem griechischen Buch auf. »Ich muß noch einhundertfünfzig Zeilen machen, bevor ich ins Bett gehen kann. Es wird zwei werden, fürchte ich. Ich muß in diesen Ferien außerordentlich intensiv studieren. Ich habe nur noch ein Semester, verstehst du, und dann-«

»Übernimm dich nicht, Frank.«

»Nein. Ich werde mich nicht übernehmen. Ich habe vor, einen Tag in der Woche als Ferientag zu nehmen, und an den anderen fünf will ich acht Stunden täglich arbeiten. Das macht vierzig Stunden pro Woche und läßt mir zweihundert Stunden frei. Ich hab es alles hier in einer Tabelle. Es ergibt einhundertfünf für das griechische Drama, vierzig für Algebra.« – Und so erklärte er ihr den genauen Zweck all der langen Stunden, die er zum Arbeiten vorgesehen hatte. Er war gerade mal eineinhalb Tage zu Hause gewesen und hatte erfolgreich mit roten Linien und blauen Ziffern die Tabelle erstellt, die er ihr zeigte. »Wenn ich das alles erledigen kann, wäre das ziemlich gut, nicht wahr?«

»Aber Frank, du bist doch gekommen, um Ferien zu machen, um es dir gut gehen zu lassen?«

»Aber ein junger Mann muß heutzutage arbeiten.«

»Übernimm dich nicht, mein Bester. Darum geht es mir. Aber Frank, ich hätte nicht einschlafen können, wenn ich zu Bett gegangen wäre, ohne noch mal mit dir zu reden. Du hast mich heute gekränkt.«

»Wirklich, Bessy?«

»Du hast mich eine Puritanerin genannt, und dann hast du dieses unziemliche französische Sprichwort auf mich gemünzt. Glaubst du wirklich, daß deine Schwester Böses im Sinne hat, Frank?« Und während sie das sagte, legte sie ihren Arm sanft um seine Schultern.

»Natürlich nicht.«

Aber warum sagst du dann solche Dinge? Harry ist noch so klein und so gedankenlos, daß ich alles, was er sagt, ertragen kann, ohne daß es mir weh tut. Aber wenn du und ich keine Freunde sind, wäre ich sehr betrübt. Wenn du wüßtest, wie sehr ich dein Kommen herbeigesehnt habe!«

»Ich wollte dich nicht verletzen. Ich werde solche Dinge niemals wieder sagen.«

»Das ist mein guter Frank! Was ich zu Mama gesagt habe, habe ich gesagt, weil ich es für richtig gehalten habe. Aber du hast keinen Grund, mich eine Puritanerin zu nennen. Ich würde alles tun, was in meiner Macht steht, um dir deine Ferien schön und angenehm zu machen. Ich weiß, daß Jungs so viel mehr benötigen, um sich zu amüsieren, als Mädchen. Gute Nacht, mein Liebster. Und bitte übernimm dich nicht mit deiner Arbeit und denke an deine Augen.« So sprach sie, gab ihm einen Kuß und ging ihres Weges. Zwanzig Minuten später war er über seinem Buch eingeschlafen, und als er aufwachte und sah, wie die heruntergebrannte Kerze dahinflackerte, beschloß er, mit seinen geplanten Stunden erst zu beginnen, wenn der Weihnachtstag vorüber war.

Der Morgen des ersten Weihnachtstages verlief sehr ruhig. Sie gingen gemeinsam zur Kirche, dann saßen sie um den Kamin und unterhielten sich bis zum Dinner um vier Uhr nachmittags. Die Coverdale-Mädchen fanden es etwas langweiliger auf Thwaite Hall als bei den vorangegangenen Feiern, und Frank konnte gelegentlich beim Gähnen beobachtet werden. Doch andererseits weiß jeder, daß der richtige Spaß an Weihnachten erst beginnt, wenn der Tag an sich vorüber ist. Der Rinderbraten und der Yorkshire Pudding sind mächtig, und außer wenn richtige Kinder anwesend sind, ist es schwierig, eine besondere Nachmittagsunterhaltung einzubauen, die auf das sonntägliche Trachten am Morgen folgt. Am Abend würden sie tanzen, – dies war Patty Coverdale ausdrücklich versprochen worden. Aber das Tanzen würde nicht vor acht Uhr beginnen. Der Rinderbraten und der Yorkshire

Pudding waren wirklich mächtig, doch mit einiger Anstrengung konnten sie bewältigt werden und lösten sich auf. Das Glas Portwein wurde genippt, die Mandeln und Rosinen wurden geknabbert, und dann verließen die Damen das Zimmer. Zehn Minuten später fand Elizabeth sich neben Isabella Holmes; sie saßen am Kamin in der kleinen Bibliothek ihres Vaters. Sie hatte dieses Treffen nicht herbeigeführt, denn ihr war nicht wohl angesichts solch einer gezwungenen Vertraulichkeit. Aber sie konnte es nicht umgehen, und vielleicht war es ja auch hier und jetzt ebensogut wie später irgendwann einmal.

»Bessy«, sagte das ältere Mädchen, »ich sterbe fast vor Ungeduld, einmal einen Augenblick lang mit dir allein zu sein.«

»Nein, du sollst nicht sterben – ich meine, wenn es dich rettet, mit mir allein zu sein.«

»Ich muß dir so viel sagen, und, wenn du auch nur einen Funken wahrer Freundschaft in dir hast, wirst auch du mir sehr viel zu sagen haben.«

Vielleicht hatte Miss Garrow in diesem Augenblick keinen Funken wahrer Freundschaft in sich, denn sie hätte, wenn irgend möglich, gern vermieden, überhaupt etwas zu sagen. Doch um zu beweisen, daß sie nicht des Gefühls der Freundschaft entbehrte, gab sie der Freundin ihre Hand.

»Und nun erzähl mir alles über Godfrey«, sagte Isabella.

»Liebe Bella, ich habe nichts zu erzählen, buchstäblich gar nichts.«

»Was für ein Unfug. Warte einen Augenblick, meine Liebe, und begreife, daß ich dich nicht verletzen möchte. Es ist unmöglich, daß du nichts zu berichten hast, wenn du nur entschlossen bist, etwas erzählen zu wollen. Du gehörst nicht zu den Mädchen, die in eine Vermählung mit Godfrey eingewilligt hätten, ohne ihn zu lieben, noch gehört er zu den Männern, die um deine Hand angehalten hätten, ohne dich zu lieben. Als du mir in einem Brief versichert hast, daß du deine Meinung geändert hast, so als habe es sich bei der Angelegenheit um ein Kleid gehandelt, wußte ich natürlich sofort, daß du mir nicht alles gesagt hattest. Daher bestehe ich darauf, alles zu erfahren – das heißt, falls wir Freundinnen werden wollen. Ich hätte um nichts in der Welt mit Godfrey darüber gesprochen, bevor ich nicht dich getroffen hätte, um deine Version der Geschichte zuerst zu hören.«

»Wirklich, Bella, es gibt keine Geschichte zu erzählen.«

»Dann muß ich ihn fragen.«

»Wenn du die Rolle einer wahren Freundin von mir einnehmen willst, solltest du die Anglegenheit Vergangenheit sein lassen und nichts sagen. Du mußt das verstehen, unter diesen Umständen, der Besuch deines Bruders hier -. Was ich sagen will, ist, daß es sehr schwierig für mich ist, mich genau so zu verhalten und so zu reden, wie es sich geziemen würde, und schon ein paar unglückliche Worte könnten meine Situation unerträglich werden lassen.«

»Wirst du mir eine Frage beantworten?«

»Ich weiß nicht, ich denke schon.«

»Liebst du ihn?« Für einen Moment oder zwei verharrte Bessy in Schweigen, bestrebt, ihre Worte zu ordnen, damit diese nichts Falsches enthalten und dennoch nicht die Wahrheit verraten würden. »Ah, ich sehe schon, so ist es«, fuhr Miss Holmes fort. »Aber natürlich ist es so, warum sonst solltest du ihn akzeptiert haben?«

»Ich wähnte, daß es so sei, wie junge Damen in solcher Situation manchmal wähnen.«

»Und willst du damit sagen, daß es nicht so ist, jetzt nicht mehr?« Wieder schwieg Bessy, und dann erhob sich ihre Freundin von ihrem Platz. »Ich begreife alles«, sagte sie. »Wie schade, daß ihr beide zu jener Zeit nicht einen Freund wie mich in eurer Nähe hattet! Aber vielleicht ist es noch nicht zu spät!«

Es ist nicht nötig, daß ich in aller Ausführlichkeit all die Einwände wiederhole, die die arme Bessy mit flammender Energie vorbrachte. Sie versuchte zu erklären, wie außerordentlich schwierig die Lage war, in der sie sich befand. Dieser Weihnachtsbesuch war verabredet worden, lange bevor die unglückliche Episode in Liverpool sich zutrug. Isabellas Besuch erfolgte zum Teil aus geschäftlichem Anlaß. Einige finanzielle Angelegenheiten zwischen ihr, ihrem Bruder und dem Major mußten besprochen und verabredet werden. »Ich beschloß«, sagte Bessy, »meine Empfindungen nicht zu einem Hindernis werden zu lassen, und ich hoffte, daß die Wogen sich in den Bahnen der früheren freundschaftlichen Fundamente glätten würden. Doch schon jetzt fürchte ich, daß ich mich verschätzt habe, aber es wäre undankbar von dir, mir Vorwürfe zu machen.« Dann fuhr sie fort mit der Ankündigung, daß sie, falls irgendwer versuchen sollte, sich in ihre Angelegenheiten einzumischen, unverzüglich fortgehen würde, zur Schwester ihrer Mutter, die in Hexham, in Northumberland, lebte.

Dann wurde zum Tanz angestimmt, und die Herzen von Kate und Patty Coverdale wurden schließlich aufgeheitert. Doch auch hier mußte die arme Bessy einmal mehr erfahren, wie furchtbar schwierig dieses Experiment war, sich mit einem Geliebten, mit dem sie sich erst zwei Monate zuvor zerstritten hatte, auf der Basis einer Freundschaft zu amüsieren. Daß sie notgedrungen die Tanzpartnerin von Godfrey Holmes werden würde, hatte sie sich schon ausgerechnet und war so lange darauf vorbereitet, dies zu überstehen. Ihre Brüder würden selbstverständlich mit den Coverdale-Mädchen tanzen; und ihr Vater würde selbstverständlich mit Isabella auf der Tanzfläche stehen. Es gab keine andere mögliche Verbindung, – zumindest nicht für den Anfang. Sie hatte sich ebenfalls darauf vorbereitet, wie sie bei diesem Anlaß mit ihm sprechen würde und wie sie sich selbst und ihrer Gedanken Herr bleiben würde. Doch als es so weit war, waren die Schwierigkeiten beinahe zu groß für sie.

»Wenn ich mich recht erinnere, machst du dir nicht viel aus Tanzen?« bemerkte er.

»O doch. Nicht in der Art von Patty Coverdale; für sie ist es eine Leidenschaft. Andererseits aber bin ich älter als Patty Coverdale.« Danach schwieg er für ein oder zwei Minuten.

»Es ist so eigenartig für mich, wieder hier zu sein«, sagte er. Es war eigenartig. Sie spürte, daß es eigenartig war. Aber er hätte das nicht sagen sollen.

»Zwei Jahre sind eine lange Zeit; die Jungs sind so groß geworden.«

»Ja, und all die anderen Dinge.«

»Bella war niemals zuvor hier, – zumindest nicht mit dir.«

»Nein, aber das habe ich eigentlich nicht gemeint. All das würde den Ort nicht so eigenartig machen. Aber deine Mutter erscheint mir gegenüber so verändert -. Früher war sie fast wie meine eigene Mutter.«

»Ich nehme an, sie findet eher, daß du zu einer ungeheuren Persönlichkeit herangewachsen bist. Es war in Ordnung, dich auszuschimpfen, solange du Buchhalter in einer Bank warst, aber es ist nicht in Ordnung, den Geschäftsführer auszuschimpfen. Dies sind die Strafen, die Männer dafür bezahlen, wenn sie etwas Großes erreichen.«

»Es ist nicht meine Großartigkeit, die sich dazwischen gedrängt hat, sondern –«

»Dann kann ich wirklich nicht sagen, was es ist. Aber Patty wird dich ausschimpfen, wenn du nicht auf die Figuren achtest, selbst wenn du die ganze Vorstandsetage in einer Person wärst.«

Als Bessy an diesem Abend zu Bett ging, begann sie zu fühlen, daß sie zu viel gewagt hatte. »Mama«, sagte sie, »könnte ich nicht eine Entschuldigung finden und fortgehen zu Tante Mary.«

»Wie, jetzt!«

»Ja, Mama. Jetzt – morgen. Ich muß dir nicht sagen, daß es mich unglücklich machen würde zu dieser Zeit fort zu sein, aber ich fange an zu glauben, daß es besser wäre.«

»Was wird Papa sagen?«

»Du mußt ihm alles erzählen.«

»Und Tante Mary muß ebenfalls in Kenntnis gesetzt werden. Das wäre nicht in deinem Sinne. Hat er etwas gesagt?«

»Nein, nichts; – das heißt, sehr wenig. Aber Bella hat mit mir gesprochen. O Mama, ich glaube, wir haben uns falsch verhalten: das heißt, ich habe mich falsch verhalten. Ich habe ein Gefühl, als ob ich mich versündigen und die gesamte Gesellschaft hier ins Unglück stürzen werde.«

Es wäre furchtbar, das Erzählen dieser Geschichte, auch wenn ihre Mutter diese Aufgabe übernehmen würde. »Ich werde bleiben, wenn es möglich ist«, sagte sie. »Aber Mama, falls ich gehen möchte, wirst du mich dann auch nicht davon abhalten?« Ihre Mutter versprach ihr, daß sie sie nicht aufhalten werde, ermahnte sie jedoch eindringlich, Haltung zu bewahren.

Als sie am nächsten Morgen vor dem Frühstück herunterkam, fand sie Frank in der Halle mit seinem Gewehr, das er zu entriegeln versuchte. »Es ist doch nicht geladen, Frank, oder?« sagte sie.

»O Schreck, nein! Niemand käme heutzutage auf die Idee zu laden, solange man noch im Haus ist. Gleich nach dem Frühstück gehe ich mit Godfrey hinüber auf die Rückseite von Greystock, um nach mehr Wildgeflügel Ausschau zu halten. Er hat mich gefragt, ob wir losgehen würden, und ich konnte es ihm wohl kaum abschlagen.«

»Natürlich nicht, warum solltest du auch?«

»Es wird verdammt hart werden, die Zeit aufzuholen. Ich hatte vor, um vier heute früh aufzustehen, aber der Wecker ging aus, ohne mich aufzuwecken. Ich werde allerdings heute abend ein bißchen was tun können.«

»Knechte dich nicht in deinen Ferien, Frank. Was bringt dir ein neues Gewehr, wenn du keine Zeit hast, dich daran zu erfreuen?«

»Es geht mir nicht um das neue Gewehr. Ich bin doch kein Kind mehr, was das angeht. Aber, siehst du, Godfrey ist hier und man sollte freundlich zu ihm sein. Weißt du, was Ihr Mädchen meiner Meinung nach tun solltet, Bessy? Ihr müßt kommen und uns auf dem Heimweg erwarten. Setzt mit dem Boot über und nehmt den Fußweg bis zur Straße nach Patterdale. Wir werden so um fünf dort am Fuße des Hügels sein.«

»Und wenn Ihr nicht dort seid, sollen wir im Schnee warten?«

»Mach die Sache nicht unnötig kompliziert, Bessy. Ich sage doch, daß wir dort sein werden. Wir werden den Wagen nehmen und daher viel Zeit haben.«

»Und woher willst du wissen, daß die anderen Mädchen mitgehen werden?«

»Was? Also um ehrlich zu sein, Patty Coverdale hat es versprochen. Was Miss Holmes angeht, wenn sie nicht will, ja, dann müßt ihr sie mit Mama zu Hause lassen. Aber Kate und Patty können nicht ohne dich losgehen.«

»Dein eigenes Ermessen hat dies herausgefunden, ja?«

»Nun, Patty hat es so gesagt. Aber du wirst doch kommen, Bessy, oder? Das mit dem Warten, das ist alles Unsinn. Natürlich könnt ihr auch weitergehen. Aber wir werden um fünf an dem Zaunübertritt sein. Ich habe meine Uhr dabei.« Schließlich gab Bessy ihm das Versprechen. Was hätte sie nicht für ihn getan, soweit es im Bereich des ihr Möglichen stand?

»Mitkommen! Natürlich komme ich mit!« sagte Miss Holmes. »Ich mache alles mit. Ich wäre am Morgen mit ihnen losgezogen und hätte ein Gewehr mitgenommen, wenn sie mich gefragt hätten. Doch, wenn ich es mir so überlege, sollte ich besser doch nicht.«

»Warum nicht?« sagte Patty, die noch nahezu gänzlich ohne Angst war, daß etwas die Expedition trüben könnte.

»Was möchten drei Herren mit vier Damen anfangen?«

»Oh, ich vergaß«, sagte Patty unschuldig.

»Es interessiert mich gewiß nicht«, sagte Kate. »Du kannst Harry haben, wenn du willst.«

»Danke, nicht im geringsten«, sagte Miss Holmes. »Ich will einen für mich alleine. Dein Angebot in allen Ehren, aber was würde ich tun, wenn Harry mich nicht haben wollte? Jede Medaille hat nun einmal zwei Seiten, verstehst du?«

»Ich kann dir versichern, daß er mir nicht das geringste bedeutet«, sagte Kate. »Außerdem ist er ja noch nicht einmal siebzehn.«

»Der arme Junge! Was für eine Schande, ihn so bald wegzugeben. Wir werden ihn für ein oder zwei Jahre loslassen müssen, nicht wahr, Miss Coverdale? Doch da es so aussieht, als gebe es – bei allem Respekt – keinen einzigen jungen Kavalier, dessen Dienste nicht in Anspruch genommen wurden –«

»Ich habe gewiß niemanden beschlagnahmt«, sagte Patty, »und hege auch nicht die Absicht, dies zu tun.«

Godfrey ist also dann der einzige Ritter, dessen Dienste beansprucht werden«, sagte Miss Holmes und schaute Bessy an. Bessy gab darauf keine unmittelbare Antwort, weder mit ihren Augen noch mit ihrer Zunge, doch nachdem die Coverdales gegangen waren, nahm sie ihre neue Freundin in die Pflicht.

»Wie kannst du mit solchem Unfug die Köpfe dieser jungen Mädchen verwirren?«

»Das war das Werk der Natur, meine Liebe.«

»Aber die Natur sollte in gewisse Bahnen gelenkt werden, oder etwa nicht? Du wirst sie glauben machen, daß diese dummen Jungs in sie verliebt sind.«

»Dieser Gedanke wird ihnen gewiß auch ohne meine Belehrungen kommen. Die dummen Jungs, wie du sie nennst, werden sich schon zu helfen wissen. Mir scheint, daß die dummen Jungs besser wissen, woran sie sind, als manche der Älteren, die ihnen nahestehen.« Und nach einem Augenblick des Schweigens fügte sie hinzu: »Was meinen Bruder angeht, so habe ich keine Geduld mit ihm.«

»Ich bitte dich, sprich nicht über die Belange deines Bruders«, sagte Bessy. »Und, Bella, wenn du mich nicht dazu bewegen willst, den Raum zu verlassen, sprich bitte nicht von ihm und mir gemeinsam, so wie du es gerade getan hast.«

»Geht es dir wirklich so schlecht, daß dich der kleinste Scherz derart aus der Fassung bringt?« Stünden dir denn seine Dienste nicht gewissermaßen natürlicherweise zu? Wenn du so ungehalten darüber bist, wirst du dein Geheimnis verraten.«

»Ich habe kein Geheimnis – zumindest nicht vor dir oder vor Mama – und, im übrigen, auch keines vor ihm. Wir waren beide sehr unreif, als wir dachten, daß wir einander kennen würden, und als wir glaubten, wir wüßten, was in unseren Herzen vorgeht. In Wirklichkeit kannten wir einander nicht, noch wußten wir, was in unseren Herzen vorgeht.«

»Ich hasse es, wenn Leute sagen, sie wüßten, was in ihren Herzen vorgeht. Ich finde, wenn du einen jungen Mann magst und wenn er um deine Hand anhält, dann solltest du ihn akzeptieren – vorausgesetzt, daß die Mittel zum Leben ausreichen. Ich weiß nicht, worauf es sonst noch ankommt. Aber viele junge Frauen reden und denken zunehmend so, als würde von ihnen verlangt, daß sie ihre Herzen durch einen glühenden Schmiedeofen treiben müßten, bevor sie sie in die Obhut eines Ehemannes geben könnten. Ich bin nicht sicher, ob nicht die französische Methode besser ist, wo diese Dinge von den Eltern oder vielleicht von den Anwälten der Familien geregelt werden. Junge Frauen, die so sehr darauf aus sind, Gewißheit über ihre Herzen zu erhalten, kennen am Ende nichts als ihr eigenes Herz und enden als alte Jungfern.«

»Das ist immer noch besser, als wenn sie sich in die Obhut derer geben, die sie nicht kennen und nicht einschätzen können.«

»Das ist eine Frage des Geschmacks. Ich beabsichtige den ersten zu nehmen, der kommt, solange er wie ein Gentleman aussieht und nicht weniger als achthundert pro Jahr hat. Nun denn, Godfrey sieht aus wie ein Gentleman und verfügt nahezu über das Doppelte. Wenn sich mir eine solche Chance böte, würde ich nicht zweimal darüber nachdenken.«

»Und wenn sie sich dir nicht böte, würdest du überhaupt nicht darüber nachdenken.«

»Daher weht nun einmal der Wind, oder?«

»Nein, nein! O Bella, bitte, bitte laß mich allein. Bitte misch dich nicht ein. Es weht kein Wind, von nirgendwo her. Worum ich dich bitte, ist nichts als dein Schweigen und dein Einfühlungsvermögen.«

»Nun gut. Ich werde schweigen und mitfühlend sein wie ein Grab. Aber bitte glaube nicht, daß ich in gleichem Maße auch kalt wie ein Grab bin. Ich heiße deine Ansichten nicht im ganzen gut. Doch wenn ich nichts in deinem Sinne ausrichten kann, will ich in jedem Fall versuchen, keinen Schaden anzurichten.«

Nach dem Mittagessen, so um drei Uhr, begannen sie ihren Spaziergang, und es gelang ihnen, sich selbst über den Fluß zu schiffen. »Oh, lassen Sie mich das machen, Bessy«, sagte Kate Coverdale. »Ich kenne mich damit aus. Sehen Sie, Miss Holmes, Sie ziehen mit ihren Händen an dem Kabel und lassen es hindurch gleiten« –

»Und ruinieren unweigerlich Ihre Handschuhe«, sagte Miss Holmes. Genau dies war in der Tat geschehen, und Kate schien darüber nicht gerade erfreut zu sein.

»Da ist ein blöder Nagel in dem Kabel«, sagte sie. »Ich frage mich, warum diese einfältigen jungen Herren uns das nicht gesagt haben.«

Natürlich trafen sie viel zu früh am Ort des Stelldicheins ein, und sie waren sehr müde vom Auf- und Abgehen, um ihre Füße warm zu halten, bis die Sportskameraden auftauchten. Aber dies war ja ihre eigene Schuld, da sie den Zaunübertritt eine halbe Stunde vor der verabredeten Zeit erreicht hatten.

»Ich werde nie mehr irgendwo hingehen, um junge Gentlemen zu treffen«, sagte Miss Holmes. »Es ist absolut unglaublich, daß Damen eine halbe Stunde im Schnee warten müssen. Also, meine Herren, wie sind Ihre sportlichen Aktivitäten verlaufen?«

»Ich habe einen einen großen Auerhahn geschossen«, antwortete Harry.

»O wirklich?« sagte Kate Coverdale.

»Und hier sind die Federn von seinem Schwanz für dich. Er ließ sie in das Wasser fallen, und ich mußte bis zur Mitte hineingehen dafür. Aber ich hatte dir versprochen, daß ich dies tun würde, daher war ich entschlossen, sie zu bekommen.«

»O du törichter, törichter Junge!« sagte Kate. »Aber ich werde sie ewig aufheben, ganz gewiß.«

Diese Worte wurden ein wenig abseits gewechselt, denn Harry war es gelungen, die junge Dame etwas zur Seite zu bewegen, bevor er ihr die Federn überreichte.

Auch Frank hatte seine Trophäen für Patty, ebenso wie eine Geschichte von seiner eigenen Tapferkeit. So, wie er ein Jahr älter war als sein Bruder, war er zugleich um den Unterschied von einem Jahr weniger spontan, um seine Gabe in Gegenwart all der anderen seiner auserwählten Dame zu überreichen. Doch auch er fand seine Gelegenheit, und dann gingen er und Patty ein wenig vor den anderen voraus. Kate war in ihre Mitleidsbekundungen an Harry wegen dessen Tauchaktion versunken, so daß die vier sich ein wenig absetzten. Daher blieben Miss Holmes und ihr Bruder und Bessy Garrow zusammen auf dem Weg zurück und sprachen über die Ereignisse dieses Tages in einer Art und Weise, die nicht von ekstatischer Begeisterung kündete. So gingen sie eine Meile, und schrittweise verblaßte die Konversation zwischen ihnen zu weitgehender Stille.

»Es gibt nichts, was ich weniger mag, als mit Leuten auszugehen, die jünger sind als ich«, merkte Miss Holmes an. »Man fühlt sich immer so alt und langweilig. Hört nur diesen Kindern dort zu! Sie geben mir das Gefühl, eine alte, unverheiratete Tante zu sein, die aus Gründen der Schicklichkeit mitgenommen wurde.«

»Patty wird in keinster Weise zustimmen, wenn sie hört, daß du sie ein Kind nennst.«

»Noch werde ich mich einverstanden zeigen, wenn sie mich wie eine alte Frau behandelt.« Und dann schritt sie voran, um sich zu »den Kindern« zu gesellen. »Ich würde ihnen ja nicht ihre Freude miteinander verderben, wenn ich es verhindern könnte«, sagte sie zu sich selbst. »Doch in ihrer Gesellschaft werde ich nur eine zeitweilige Plage sein. Bliebe ich indes weiterhin zurück, würde ich dauerhaften Schaden anrichten.« Und so waren Bessy und ihr ehemaliger Geliebter sich selbst überlassen.

»Ich hoffe, daß du dich gut mit Bella verstehst«, sagte Godfrey, nachdem sie für ein oder zwei Minuten geschwiegen hatten.

»O ja, sie ist so freundlich und fröhlich, daß jeder sie gern haben muß. Aber ich fürchte, daß sie es sehr langweilig hier finden muß.«

»Sie langweilt sich nirgendwo, nicht einmal in Liverpool, was meines Erachtens für eine junge Dame der wohl langweiligste Ort auf der Welt ist. Dies gilt auf jeden Fall für einen Mann.«

»Ein Mann, der eine Aufgabe hat, kann sich doch niemals langweilen, oder?«

»O doch, er kann; er kann sich zu Tode langweilen. Mir ist oft genug sehr langweilig. Ich habe dort kein Leuchten mehr gefühlt, seit du uns verlassen hast, Bessy.«

Daß er sie Bessy nannte, war nichts besonderes, denn es war zu einer Gewohnheit geworden, seit die beiden Kinder waren, und sie waren formell übereingekommen, daß alles zwischen ihnen so bleiben sollte wie es war, bevor dieses dumme Liebesgeflüster sich ereignet hatte. In der Tat hatten sie gerade für diesen Punkt Vorsorge getroffen, damit es hinsichtlich ihrer gegenseitigen Anrede zu keiner Verlegenheit kommen würde. Solche Vorsorge hatte sie als äußerst klug angesehen, doch hatte es in der momentanen Situation kaum den erwünschten Effekt.

»Ich weiß nicht, was du mit Leuchten meinst«, sagte sie nach einer Weile. »Vielleicht ist es nicht beabsichtigt, daß das Leben der Menschen voller, wie du es nennst, Leuchten sein soll.«

»Das Leben sollte so leuchtend sein, wie wir es nur irgend gestalten können.«

»Das hängt alles von der Bedeutung dieses Wortes ab. Ich glaube nicht, daß es hier in Thwaite Hall besonders leuchtend ist, aber dennoch halten wir uns alle für sehr glücklich.«

»Ich bin sicher, daß ihr das auch seid«, sagte Godfrey. »Ich denke sehr oft an euch hier.«

»Wir alle erinnern uns der Orte, an denen wir uns in unserer Kindheit aufgehalten haben«, sagte Bessy. Dann setzten sie abermals für eine Weile ihren Spaziergang schweigend fort, und Bessy begann etwas schneller zu gehen, in der Aussicht, zu den Kindern aufschließen zu können. Der gegenwärtige Spaziergang war für sie alles andere als ein leuchtendes Ereignis, und mit Unbehagen dachte sie daran, daß sie noch immer zwei Meilen von der Fähre entfernt waren.

»Bessy«, sagte Godfrey schließlich, und dann hielt er inne, im Zweifel, wie er fortfahren solle. Sie hingegen sagte kein Wort, sondern ging zügig weiter, als ob ihre letzte Hoffnung darin bestehe, zu der Gruppe vor ihr aufzuschließen. Doch auch sie gingen zügig, denn Bella hatte beschlossen, daß sie nicht eingeholt werden wollte.

»Bessy, ich muß unbedingt mit dir über all das sprechen, was zwischen uns in Liverpool vorgefallen ist.«

»Mußt du wirklich?« sagte sie.

»Außer wenn du es dir definitiv verbittest.«

»Bleib stehen, Godfrey«, sagte sie. Und sie blieben auf dem Weg stehen. Denn nun dachte sie nicht mehr länger daran, ihre peinliche Situation zu beenden, indem sie zu ihren Begleitern aufschloß. »Falls solche Worte für dein Wohlbefinden nötig sind, stünde es mir kaum an, dir dies zu verbieten. Würde ich dies tun, könntest du mir hernach vor deinem Herzen vorwerfen, ich sei hart. Es muß dir überlassen bleiben, zu entscheiden, ob es gut ist, eine Wunde wieder zu öffnen, die nahezu verheilt ist.«

»Aber was mich betrifft, so ist sie nicht nahezu verheilt. Die Wunde ist ewig offen.«

»Es gibt eine Art von Schmerzen«, sagte sie, »die keine vollständige und perfekte Heilung erlauben, bevor nicht viele Jahre vergangen sind.« Als sie dies sagte, mußte sie daran denken, wie viel besser es um seine Chance einer perfekten Heilung bestellt war als um ihre. Für sie – so sagte sie zu sich selbst – war eine solche Heilung geradezu unmöglich; für ihn indes war es geradezu unmöglich, daß die Verletzungen bestehen bleiben sollten.

»Bessy«, sagte er – und erneut veranlaßte er sie, auf dem engen Pfad anzuhalten, indem er unmittelbar vor ihr auf dem Weg stehenblieb – »erinnerst du dich an all die Umstände, die zu unserer Trennung führten?«

»Ja, ich denke, ich erinnere mich daran.«

»Und glaubst du immer noch, daß es richtig war?«

Sie schwieg für einen Augenblick, bevor sie ihm antwortete. Doch es war nur für einen kurzen Augenblick, und dann sprach sie recht entschieden: »Ja, Godfrey, das glaube ich. Ich habe seither oft darüber nachgedacht. Ich habe – ich fürchte, ohne wirklichen Sinn – über kaum etwas anderes nachgedacht. Aber ich habe zu keinem Zeitpunkt geglaubt, daß wir falsch gehandelt haben.«

»Und ich glaube dennoch, daß du mich einmal geliebt hast.«

»Ich muß eingestehen, das dem tatsächlich so war, denn ansonsten müßte ich mir eingestehen, eine Lügnerin zu sein. Ich habe zu jener Zeit zu dir gesagt, daß ich dich liebe, und das war die Wahrheit. Aber es ist besser – zehnmal besser –, daß diejenigen, die sich lieben, sich trennen, auch falls sie sich noch lieben sollten, als daß zwei miteinander verbunden werden, die nicht in der Lage sind, einander glücklich zu machen. Erinnere dich, was du mir erzählt hast.«

»Ich habe es nicht vergessen.«

»Du warst unglücklich in deiner Verlobung, und du sagtest, es wäre meine Schuld.«

»Bessy, hier ist meine Hand. Wenn du mich nicht mehr liebst, laß uns hiermit das Ende von allem besiegeln. Aber wenn du mich noch liebst, dann laß alles, was ich damals gesagt habe, vergessen sein.«

»Vergessen, Godfrey! Wie könnte es vergessen sein? Du warst unglücklich, und es war meine Schuld. Meine Schuld – als würde ich versuchen, ein krankes Kind mit Arithmetik zu trösten oder einen Hund mit Gras zu füttern. Ich hatte kein Recht, dich zu lieben, so wie ich dich kannte und so wie ich außerdem wußte, daß meine Wege nicht dieselben sind wie deine Wege. Ich akzeptiere meine Strafe, und sie ist nicht größer als ich ertragen kann. Aber ich hatte gehofft, daß deine Strafe bald vorüber sein würde.«

»Du bist zu stolz, Bessy.«

»Das ist gut möglich. Frank nennt mich eine Puritanerin, und Stolz war für die Puritaner die schlimmste aller Sünden.«

»Zu stolz und unnachgiebig. Sollten in einer Ehe nicht der Mann und die Frau sich einander annähern?«

»Wenn sie verheiratet sind, ja. Und jedes Mädchen, das eine Heirat erwägt, sollte wissen, daß sie sich in vielem an ihren Ehemann anpassen muß. Aber ich bin nicht der Ansicht, daß eine Frau der Efeu sein sollte, der dieselbe Richtung einschlägt wie der jeweilige Ast, an dem er hängt. Wenn sie sich so verhält, wo bleibt dann ihr eigener Charakter? Aber wir müssen weitergehen oder wir kommen zu spät.«

»Und du willst mir keine Antwort geben?«

»Keine andere, Godfrey. Hast du nicht gerade, in ebendiesem Augenblick, gesagt, ich wäre zu stolz? Könnte es sein, daß du den Wunsch hegen solltest, dich dein Leben lang an weiblichen Stolz zu binden? Und wenn du mir nun, in einem solchen Augenblick wie diesem, solche Dinge sagst, was erst würdest du mir in der engen Intimität einer Ehe sage, wenn der tägliche Trott den Charme des Gastes und der Geliebten hat vergehen lassen.«

In diesen Worten lag die Schärfe einer Zurückweisung, die Godfrey Holmes nicht augenblicklich überwinden konnte. Dennoch kannte er das Mädchen und verstand, was in ihrem Herzen und in ihrem Kopf vor sich ging. Jetzt, in ihrer gegenwärtigen Verfassung, war sie unnachgiebig, stolz und geradezu hart. Da sie viel zu verlieren hatte, wenn sie das erneuerte Angebot, das er ihr gemacht hatte, zurückwies, würde sie sich nun sozusagen ständig einflüstern, harsch und unflexibel zu sein. Wenn er arm wäre, wenn sie ihn nicht lieben würde, wenn nicht alle Anzeichen auf eine vielversprechende Ehe hindeuten würden, hätte sie weniger Probleme damit, das Angebot entgegenzunehmen, und wäre großzügiger, was ihre Antwort betrifft. Wenn er all sein Geld verloren hätte, bevor er zu ihr zurückkam, hätte sie ihn ohne Zögern akzeptiert. Oder auch wenn er ein Auge verloren oder sich seine Beine verletzt hätte und zum Krüppel geworden wäre – sie hätte ihn sofort akzeptiert. Aber unter den gegebenen Umständen hatte sie keinen Anlaß, Zuneigung zu zeigen. Ihr Charakter wies einen organischen Defekt auf, der sich zweifelsohne deutlich als eine Attacke ihres Dickschädels zeigte – der Attacke eines Philomärtyrertums, wie man es korrekt nennen könnte. Sie hatte den Schiffbruch ihres eigenen Glückes herbeigeführt, indem sie

Godfrey Holmes abgewiesen hatte, aber ihr erschien es geboten und angemessen für eine anständige junge Frau, daß sie den Schiffbruch ihres Glücks herbeiführte. Während der vergangenen ein oder zwei Monate war sie in den Wassern verloren und nahezu ertrunken. Nun war aber wieder ein wunderschönes Land in Sicht, und eine kräftige, angenehme Hand war ausgestreckt, um sie zu retten. Doch obwohl sie in den Wellen schrecklich gelitten hatte, glaubte sie noch immer, es sei falsch, sich retten zu lassen. Es wäre so schön, diese Hand zu ergreifen, – so angenehm, so freudig, daß es gewiß falsch sein mußte. So lautete ihre Doktrin. Und obgleich Godfrey Holmes die Zusammenhänge kaum analysiert hatte, waren sie ihm teilweise völlig klar. Und dennoch: wenn sie erst einmal auf dieser grünen Insel gelandet wäre, wäre sie glücklich. Sie sprach mit Verachtung von Frauen, die an ihren Männern kleben wie Efeu an einem Baum; und dennoch: wenn sie erst einmal verheiratet wäre, würde keine Frau mit süßerer weiblicher Hingabe an ihrem Ehemann hängen als Bessy Garrow. Er sprach kein weiteres Wort mit ihr auf dem Heimweg, doch als er ihr auf die Fähre half, drückte er ihre Hand ein wenig. Für einen Augenblick schien es so, als ob sie sein Drücken erwidert hätte. Falls dem so war, war es unfreiwillig geschehen, und ihre Hand kehrte sofort zu einer Haltung der Steife angesichts seines Drucks zurück.

Es war spät, als an jenem Abend Major Garrow in sein Schlafzimmer kam, aber seine Frau lag noch wach und wartete auf ihn. »Nun«, sagte sie, »was hat er zu dir gesagt? Er war mehr als eine Stunde bei dir.«

»Solche Geschichten lassen sich nie schnell erzählen«, sagte der Vater, »und in diesem Fall war es nötig, ihn ganz genau zu verstehen.«

Es wäre zu langwierig, alles zu wiederholen, was in jener Nacht zwischen Major und Mrs. Garrow bezüglich des Angebots, das ihrer Tochter nun schon zum dritten Mal gemacht worden war, gesprochen wurde. An jenem Abend, nachdem die Damen sich verabschiedet hatten und als die beiden jungen Männer sich zurückgezogen hatten, hatte Godfrey Holmes seinem Gastgeber seine Geschichte erzählt und hatte ihm offenherzig mitgeteilt, wie er die Gefühlslage seiner Tochter einschätzte. »Nun wissen Sie alles«, sagte er. »Ich bin überzeugt, daß sie mich liebt, und wenn dem so ist, hört sie vielleicht noch auf Sie.« Major Garrow war sich nicht sicher, ob er über alles Bescheid wußte. Aber als er die Sache in jener Nacht ausführlich mit seiner Frau besprochen hatte, glaubte er, daß er – vielleicht – jenen Stand des Wissens erreicht hatte.

Am folgenden Morgen erfuhr Bessy von dem Hausmädchen, daß Godfrey Holmes Thwaite Hall schon in der frühen Morgenstunde verlassen hatte, um nach Liverpool zurückzukehren. Dem Mädchen gegenüber äußerte sie sich in dieser Sache gar nicht, aber sie sah sich veranlaßt, Bella gegenüber ein oder zwei Worte zu verlieren. »Was ich bedauere, ist sein Kommen«, sagte sie, »– daß er die Umstände und den Ärger für nichts haben sollte. Ich sehe ein, daß es mein Fehler war, und es tut mir sehr leid.«

»Es kann nicht mehr ungeschehen gemacht werden«, sagte Miss Holmes irgendwie streng. »Was sein Unglück angeht, so denke ich, daß seine Reisen zwischen hier und Liverpool nicht zum Schlimmsten zählen.«

Nach dem Frühstück an diesem Morgen wurde Bessy in das Bücherzimmer ihres Vaters beordert, wo sie ihren Vater ebenso wie ihre Mutter vorfand. »Bessy«, sagte er, »setz dich hin, meine Liebe. Du weißt, warum Godfrey uns heute früh verlassen hat?« Bessy drehte eine Runde durch das Zimmer, so daß sie nahe bei ihrer Mutter zu sitzen kam und die Hand ihrer Mutter ergreifen konnte.

»Ich denke, ich weiß es, Papa«, sagte sie.

»Er war letzte Nacht bei mir, Bessy, und nachdem er mir erzählt hatte, was sich zwischen euch zugetragen hatte, stimmte ich mit ihm überein, daß er besser gehen solle.«

»Es war besser, daß er gegangen ist, Papa.«

»Er hat jedoch eine Nachricht für dich hinterlassen.«

»Eine Nachricht, Papa!«

»Ja, Bessy, und deine Mutter ist mit mir der Ansicht, daß sie dir besser mitgeteilt werden sollte. Es geht darum, daß, wenn du ihm vorschlägst, zurückzukommen, er bis zum Dreikönigstag wieder hier sein wird. Er war vorher auf meine Einladung hin gekommen, aber wenn er zurückkommt, muß es auf deine Einladung hin erfolgen.«

»O Papa, ich kann es nicht.«

»Ich sage nicht, daß du es kannst, doch solltest du in Ruhe darüber nachdenken, bevor du es ablehnst. Ich erwarte deine Antwort am Morgen des Neujahrstages.«

»Mama weiß, daß es unmöglich wäre«, sagte Bessy.

»Nicht unmöglich, Liebes. Ich weiß, daß es keine einfache und folgenlose Angelegenheit wäre.«

»Unter diesen Umständen sollst du tun, was deiner Ansicht nach richtig ist«, sagte ihr Vater.

»Wenn ich ihn bitten würde, wieder hierher zu kommen, hieße das, daß ich –«

»Ganz recht, Bessy. Es hieße, daß du ihm mitteilst, daß du seine Frau werden willst. Er würde dies so verstehen, und deine Mutter und ich auch. Dessen gilt es, sich bewußt zu sein.«

»Aber, Papa, als wir in Liverpool waren –«

»Ich habe ihm alles erzählt, Liebes«, sagte Mrs. Garrow.

»Ich glaube, ich verstehe die ganze Sache«, sagte der Major, »und in einer Angelegenheit wie dieser werde ich in keinerlei Richtung einen Rat geben. Doch wenn du deine Entscheidung triffst, darfst du nicht vergessen, ebenso an ihn wie an dich selbst zu denken. Ich muß meiner Tochter nicht erklären, daß es unter solchen Umständen falsch wäre, einen Verehrer zu Besuchen zu ermutigen. Aber deine Mutter sagt, daß du ihn wirklich liebst?«

»O Mama!«

»Ich werde dich nicht fragen. Aber wenn dem so ist, – wenn du ihm dies gesagt und ihm damit gestattet hast, daß er die Vorstellung von seinem Lebensglück auf dieses Wort baut, – würdest du, wie ich meine, dich vor ihm versündigen, wenn du falschem weiblichen Stolz gestattest, sein Glück zu verderben. Wenn eine junge Frau einmal einem Mann ihre Liebe gestanden hat, dann legen dieses Geständnis und die Liebe zusammen ihr die Last einer Verpflichtung diesem Mann gegenüber auf, die sie nicht ungestraft beiseite schieben kann.« Dann gab er ihr einen Kuß, bat sie, ihm ihre Antwort am Neujahrsmorgen zu geben und ließ sie mit ihrer Mutter allein.

Ihr blieben vier Tage zum Nachdenken, und sie gingen alles andere als leicht an ihr vorüber. Hätte sie mit ihrer Mutter allein sein können, wäre der innere Kampf weniger schmerzlich gewesen. Statt dessen aber bestand die Notwendigkeit, mit Isabella Holmes zu sprechen, und die Notwendigkeit, die Coverdales nicht zu vernachlässigen. Niemand hätte netter sein können als Bella. Sie sprach das Thema erst am Morgen des letzten Tages an, und auch dann nur mit wenigen Worten: »Bessy«, sagte sie, »so wie du großartig bist, so sei barmherzig!«

»Aber ich bin nicht großartig, und es wäre nicht barmherzig«, antwortete Bessy.

»Was das angeht«, sagte Bella, »so hat er gewiß ein Recht auf eine eigene Meinung.«

An diesem Abend saß sie alleine in ihrem Zimmer, als ihre Mutter zu ihr kam, und ihre Augen waren rot vom Weinen. Papier und Feder lagen vor ihr, so, als wäre sie entschlossen, zu schreiben. Doch bislang stand noch kein Wort auf dem Papier.

»Nun, Bessy«, sagte ihre Mutter, wobei sie sich nahe zu ihr setzte, »ist die Tat vollbracht?«

»Welche Tat, Mama? Wer sagt, daß ich es tun werde?«

»Die Tat ist nicht das Schreiben, sondern die Entscheidung, zu schreiben. Fünf Wörter würden genügen, wenn nur diese fünf Wörter geschrieben werden würden.«

»Es ist für das gesamte Leben, Mama. Für sein Leben wie auch für das meine.«

»Richtig, Bessy. Das ist absolut richtig. Aber das gilt gleichermaßen, ob du ihn bittest zu kommen oder ob du ihm erlaubst, fort zu bleiben. Wenn man eine Entscheidung für das Leben trifft, so geschieht das immer in einer ganz besonderen Phase des Lebens.«

»Mama, Mama, sag mir, was ich tun soll.«

Dies jedoch würde Mrs. Garrow nicht tun. »Ich würde die Worte für dich aufschreiben, wenn du es wolltest«, sagte sie, »aber es ist an dir, zu entscheiden, ob sie geschrieben werden sollen. Ich kann meine Liebste nicht bitten, fortzugehen und mich für ein anderes Zuhause zu verlassen. Alles, was ich sagen kann, ist, daß ich überzeugt bin, daß dieses Zuhause ein glückliches wäre.«

Es wurde morgen, bis die Notitz verfaßt war. Doch als der Morgen anbrach, hatte Bessy sie geschrieben und brachte sie zu ihrer Mutter. »Du mußt sie Papa bringen«, sagte sie. Dann ging sie davon und versteckte sich bis nach Mittag vor aller Augen. »Lieber Godfrey«, – so lautete der Brief, – »Papa hat mir mitgeteilt, daß du Mittwoch zurückkommen würdest, wenn ich dich darum bitte. Komm zurück zu uns, – wenn du möchtest. Für immer dein, Bessy.«

»Das ist genauso gut, als hätte sie die ganze Seite gefüllt«, sagte der Major. Aber als er den Brief an Godfrey sandte, versagte er sich nicht einige eigene begleitende Bemerkungen.

Godfreys Antwort kam postwendend, und am Nachmittag des 6. Januar fuhr Frank Garrow zum Bahnhof von Penrith, um ihn dort abzuholen. Auf dem Rückweg nach Thwaite erwuchs zwischen den beiden künftigen Schwägern eine enge Vertrautheit, und Frank erläuterte mit großer Genauigkeit einen kleinen Plan, für den er selbst Vorbereitungen getroffen hatte. »Sobald es dunkel ist, damit sie es nicht bemerkt, wird Harry ihn im Speisesaal aufhängen«, führte er aus, »und achte darauf, daß du dort hineingehst, bevor du irgendwo sonst hingehst.«

»Ich bin sehr froh, daß Sie zurückgekommen sind, Godfrey«, sagte der Major als er ihn in der Eingangshalle traf. »Gott segne Sie, mein lieber Godfrey«, sagte Mrs. Garrow. »Bessy befindet sich im Speisesaal«, flüsterte sie. Doch bei diesem Flüstern wußte sie nichts von Franks Mistelzweig.

Ebensowenig wußte Bessy davon. Noch scheint es mir, daß sie sich danach, als das Zusammenreffen vorüber war, dessen bewußt war. Godfrey hatte Frank alle möglichen Versprechungen gemacht. Doch als der Augenblick gekommen war, war die Anspannung zu groß für eine besondere Erwähnung des kleinen Zweiges über seinem

Kopf. Anders hingegen empfand dies Patty Coverdale. »Es ist eine Schande«, schimpfte sie und stürzte aus dem Zimmer. »Wenn ich gewußt hätte, was du getan hast, hätte mich nichts auf der Welt dort hinein gebracht. Ich werde den Raum nicht mehr betreten, bis ich weiß, daß du ihn entfernt hast.« Nichtsdestoweniger war ihre Schwester Kate geschickt genug, eine Lösung des Problems herbeizuführen, bevor der Abend vorüber war.

Dylan Thomas

Erinnerungen an Weihnachten

Ein Weihnachtsfest glich sehr dem anderen in jenen Jahren dort im Eck, wo die Stadt am Meer liegt, und blieb ohne Widerhall, abgesehen von jenen entfernten Stimmen, die ich manchmal kurz vor dem Einschlafen höre, so daß ich mich nie daran erinnere, ob es sechs Tage und sechs Nächte lang geschneit hatte, als ich zwölf war, oder ob es zwölf Tage und zwölf Nächte lang geschneit hatte, als ich sechs war. Oder ob das Eis brach und ob der Obst- und Gemüsehändler, der Schlittschuh lief, verschwand wie ein Schneemann durch die weiße Falltür an demselben Weihnachtstag, an dem die Fruchtküchlein Onkel Arnold fertigmachten und an dem wir auf dem Tablett Schlitten fuhren, den Hügel hinunter, der am Meer lag, auf dem besten Tablett, das es für das Servieren des Tees gab, und Mrs. Griffiths beklagte sich, und wir bewarfen ihre Nichte mit Schneebällen, und aufgrund der Hitze und der Kälte brannten meine Hände ganz fürchterlich, als ich sie über das Kaminfeuer hielt, so daß ich zwanzig Minuten lang weinte und dann ein bißchen Grütze aß.

Sämtliche Weihnachtsfeste rollen hinunter an die Küste, wo man Walisisch spricht, den Hügel hinab wie ein Schneeball, der immer weißer wird und immer größer und runder, wie ein kalter, sich überschlagender Mond, der sich den Himmel, der unsere Straße war, hinunterwälzt. Am Rande der eisigen Kanten, der fisch-gefrorenen Wellen halten sie an, und ich tauche meine Hände in den Schnee und hole heraus, was immer ich finden kann. Stechpalmen oder Rotkehlchen oder Pudding, Zank und Streit sowie Weihnachtslieder und Orangen und Blechtröten und das Kaminfeuer im Wohnzimmer, und knall machen die Knallbonbons, und süß, süß, süß klingen die

Glocken, und Glasglöckchen tanzen am Weihnachtsbaum und die Gänseliesel und der Struwwelpeter – oh! das kleine Mädchen, das in Flammen aufgeht, und der klappernde Scherenmann! – Häschen in der Grube und Black Beauty, Rotkäppchen und die Raben mit den sieben Tellerchen und Becherchen, Alice im Wunderland und die Dachse von Beatrix Potter, Taschenmesser und Teddybären – benannt nach Mr. Theodore Bär, ihrem Erfinder, oder Vater, der kürzlich in den Vereinigten Staaten verstorben ist. Mundorgeln, Zinnsoldaten und Pudding, und Tante Bessie spielte »Pop goes the Weasel« und »Nuts in May« und »Oranges and Lemons« auf dem ungestimmten Klavier im Flur, während der ganzen Nußschalen-spielenden, Jerusalem-reisenden, Blinde-Kuh-tappenden Party am Ende des unvergeßlichen Tages am Ende des nicht-in-der-Erinnerung-gebliebenen Jahres.

Meine Hand bohrt sich hinein in den wolle-weißen Festtagsball, der – blinkend wie die Glaskugel einer Wahrsagerin – am Rand der See ruht, aus dem Weihnachtslieder erklingen, und heraus kommt: Mrs. Prothero und die Feuerwehrmänner.

Es geschah am Nachmittag des Tages, an dem Heiligabend war, und ich hielt mich in Mrs. Protheros Garten auf, wo ich mit ihrem Sohn Jim auf die Katzen wartete. Es schneite. Es schneite immer an Weihnachten. In meiner Erinnerung ist der Dezember so weiß wie Lappland, obwohl es hier keine Rentiere gab. Aber es gab Katzen. Geduldig, kalt und herzlos, unsere Hände in Socken eingewickelt, warteten wir auf die Katzen, um mit Schneebällen auf sie zu werfen. Geschmeidig und lang wie Jaguare, mit furchterregenden Barthaaren, spuckend und schnurrend würden sie sich über die weißen Wände des Gartens hinter dem Haus schleichen und entlangtasten. Die Jäger, Jim und ich, Trapper von der Hudson Bay gleich bei der Eversley Road, mit Fellmützen und Mokassins, mit Luchsaugen, wir würden mit unseren tödlichen Schneebällen auf das Grün ihrer Augen zielen und sie auf sie schleudern. Die schlauen Katzen blieben stets fern. Wir waren äußerst leise, mit Eskimoschuhen bekleidete arktische Scharfschützen in der jedes Geräusch dämpfenden Stille des ewigen Eises – ewig, seit Mittwoch –, so daß wir um nichts in der Welt den ersten Schrei von Mrs. Prothero aus ihrem Iglu am unteren Ende des Gartens hörten. Oder wenn wir ihn dennoch hörten, war es für uns wie die weit entfernte Herausforderung unseres Feindes und Beutetieres, der Polarkatze des Nachbarn. Doch bald wurde die Stimme lauter. »Feuer!«, schrie Mrs. Prothero, und sie übertraf damit den Gong, der gewöhnlich ankündigte, daß das Essen fertig war. Wir rannten den Garten hinunter zu dem Haus, mit den Schneebällen in unseren Armen, und tatsächlich stieg aus dem Eßzimmer Rauch auf, und der Gong vibrierte wild und Mrs. Prothero verkündete den Niedergang wie ein Stadtschreier in Pompei. Das war spannender als wenn sämtliche Katzen von Wales in einer Reihe auf der Mauer gestanden hätten. Wir sprangen in das Haus, bewaffnet mit den Schneebällen, und blieben an der offenen Tür des mit Rauch ausgefüllten Raumes stehen. Irgend etwas brannte lichterloh. Vielleicht war es Mr. Prothero, der immer nach dem Mittagessen dort mit der Zeitung über seinem Gesicht ein Schläfchen machte. Doch er stand in der Mitte des Zimmers, sagte: »Ein schönes Weihnachtsfest!« und schlug mit seinem Pantoffel gegen den Rauch.

»Ruft die Feuerwehr«, rief Mrs. Prothero, während sie den Gong schlug.

»Die werden nicht da sein«, sagte Mr. Prothero, »es ist Weihnachten.«

Es war kein Feuer zu sehen, nur Rauchwolken und Mr. Prothero, wie er mittendrin stand und mit seinem Pantoffel wedelte, so als würde er dirigieren.

»Macht etwas«, sagte er.

Daraufhin warfen wir alle unsere Schneebälle in den Rauch – ich denke, wir haben Mr. Prothero verfehlt – und rannten aus dem Haus zum Telefonhäuschen.

»Laß uns auch die Polizei rufen«, sagte Jim.

»Und einen Krankenwagen.«

»Und Ernie Jenkins, er findet Feuer gut.«

Aber wir riefen nur die Feuerwehr. Das Löschfahrzeug kam recht schnell, und drei große Männer mit Helmen trugen einen Schlauch in das Haus und Mr. Prothero kam gerade noch rechtzeitig heraus, bevor sie die Spritze anschalteten. Einen lauteren Heiligen Abend hätte man sich kaum vorstellen können. Und als die Feuerwehrleute das Wasser abdrehten und in dem nassen und rauchigen Zimmer standen, kam Jims Tante, Miss Prothero, die Treppe herunter und schaute zu ihnen herein. Jim und ich warteten ganz leise, um zu hören, was sie zu ihnen sagen würde. Sie sagte genau das richtige, soviel ist sicher. Sie blickte auf die drei großen Feuerwehrmänner mit ihren leuchtenden Helmen, die zwischen dem Rauch und der Asche und den schmelzenden Schneebällen standen, und dann sagte sie: »Würden Sie vielleicht gerne etwas lesen?«

Jetzt hole ich aus dem blinkenden weißen Schneeball vergangener Weihnachtszeiten den Weihnachtsstrumpf hervor, den Strumpf aller Strümpfe, der am Fußende des Bettes hing, mit dem Arm einer Negerpuppe, der oben herausbaumelte, und kleinen Glöckchen, die in den Zehen bimmelten. Es gab da auch eine Kompanie, stattlich und tiefrot. Allerdings schmeckte sie ganz und gar nicht gut, obwohl ich sie immer wieder probierte, als ich noch sehr klein war: Zinnsoldaten mit Gewehrriemen, hohen Pelzmützen und Musketen, die bald schon ihre Köpfe und Beine in den Schlachten auf dem Küchentisch verlieren sollten, nachdem das Tee-Geschirr, die Früchte-Küchlein und die Kuchen, bei deren Zubereitung ich mitgeholfen, die Pflaumen entsteint und gegessen hatte, weggeräumt worden waren. Außerdem eine Tasche mit feuchten und kunterbunten Gummipuppen und eine zusammengefaltete Flagge und eine Pappnase und eine Straßenbahnschaffnermütze und ein Gerät, mit dem Fahrscheine geknipst werden konnten und in dem eine Glocke läutete. Es gab niemals eine Schleuder. Einmal, durch ein Versehen, das sich niemand erklären konnte, gab es ein kleines Beil. Und einen Büffel aus Gummi, vielleicht war es auch ein Pferd, mit einem gelben Kopf und komischen Beinen. Und eine Gummiente, die, wenn man sie zusammendrückte, ein Geräusch machte, das ganz und gar nicht wie eine Ente klang, ein miauendes Muhen wie es eine ehrgeizige Katze machen könnte, die gern eine Kuh wäre. Und ein Malbuch, in dem ich dem Gras, den Bäumen, dem Meer und den Tieren die Farben geben konnte, die ich wollte: und noch immer grasen die strahlend himmelblauen Schafe auf dem roten Feld unter einem Schwarm von erbsengrünen Vögeln mit regenbogenfarbenen Schnäbeln.

Der Morgen des Weihnachtstages war immer schon vorüber, bevor man auch nur »Jack Frost« sagen konnte. Und Achtung! Plötzlich brannte der Pudding! Schlag den Gong und ruf die Feuerwehr und die bücherbegeisterten Feuerwehrmänner! Jemand fand das silberne Drei-Penny-Stück mit der Rosine darauf, und dieser jemand war immer Onkel Arnold. Das Motto in meinem Cracker hieß:

Habt Spaß an diesem Weihnachtsmorgen,
Tanzt und singt, vergeßt die Sorgen!

Die Erwachsenen richteten ihre Augen nach oben zur Decke, und Tante Bessie, die schon zweimal mit einer Maus, die man aufziehen konnte, erschreckt worden war, wimmerte bei der Anrichte vor sich hin und trank ein wenig Holunderbeerwein. Und jemand stellte eine bis obenhin mit Nüssen gefüllte Glasschüssel auf den Tisch, der ohnehin mit Gegenständen übersät war, und mein Onkel sagte, was er einmal pro Jahr zu sagen pflegte: »Ich habe hier eine Nuß wie ein Schuh. Hol mir einen Schuhlöffel, Junge, damit ich sie öffnen kann.«

Und das Mittagessen war zu Ende.

Und ich erinnere mich an den Nachmittag des ersten Weihnachtsfeiertages. Die anderen saßen um das Kaminfeuer und erzählten einander, daß das gar nichts ist, ja, gar nichts, verglichen mit dem in Schneemengen untergehenden, vor Truthahn strotzenden, in weihnachtlichen Bäumen knisternden, mit heiligen Beeren herausgeputzten Weihnachten mit Küssen-unter-dem-Mistelzweig als *sie* Kinder waren. Währendessen würde ich rausgehen, eingepackt in meine Schulmütze und Handschuhe und einen dicken Schal, mit meinen glänzenden quietschenden neuen Schuhen, hinaus in die weiße Welt auf dem Hügel am Meer, um bei Jim und Dan und Jack vorbeizuschauen und mit ihnen gemeinsam durch die stille Schneelandschaft unserer Stadt zu laufen.

Wir trotteten durch die Straßen und hinterließen gewaltige tiefe Fußstapfen auf dem verschneiten Bürgersteig.

»Ich wette, daß die Leute denken werden, hier wären Nilpferde gewesen.«

»Was würdest du machen, wenn du siehst, wie ein Nilpferd die Terrace Road entlang kommt?«

»Ich würde so gehen, bums! Ich würde es über das Geländer werfen und den Hügel hinunterrollen, und dann würde ich es hinter dem Ohr kitzeln und es würde mit seinem Schwanz wedeln ...«

»Was würdest Du machen, wenn Du *zwei* Nilpferde siehst ...?«

Stahlharte und brüllende männliche Nilpferde tappten scheppernd und krachend durch den tobenden Schnee auf uns zu, als wir an Mr. Daniels Haus vorübergingen.

»Los, wir werfen Mr. Daniel einen Schneeball in seinen Briefkasten.«

»Los, wir schreiben was in den Schnee.«

»Los, wir schreiben ganz groß auf seinen Rasen ›Mr. Daniel sieht aus wie ein Spaniel‹.«

»Guckt mal«, sagte Jack, »ich esse ein Stück Schnee-Kuchen.«

»Wie schmeckt's?«

»Wie Schnee-Kuchen«, sagte Jack.

Oder wir liefen an der der weißen Küste entlang.

»Ob die Fische sehen können, daß es schneit?«

»Sie glauben, daß es der Himmel ist, der herunterfällt.«

Der ruhige, mit einer riesigen Wolke bedeckte Himmel glitt hinaus auf das Meer.

»All die alten Hunde sind von uns gegangen.«

Hunde aller vermischten Rassen kläfften im Sommer am Rand des Meeres und jaulten den wandernden Wellenbergen entgegen.

»Ich wette, das würde St. Bernhard jetzt gefallen.«

Und wir waren schneeblinde Reisende, die auf den schneebedeckten Bergen verschollen waren, und die großen Hunde, mit lappigem Doppelkinn und mit einer Flasche um den Hals, gefüllt mit Weinbrand, schlenderten und trotteten zu uns hinauf und bellten ›Excelsior‹.

Wir gingen zurück nach Hause, durch die armen, trostlosen Straßen, die geradewegs auf das Meer zuführten und in denen nur einige wenige Kinder mit bloßen, roten Fingern in den dicken Räderfurchen des Schnees herumfummelten und hinter uns herpfiffen, Laute, die, als wir den Hügel hinaufstapften, langsam verhallten und sich mit den Schreien der Möwen vermischten und mit den Schiffshörnern draußen in der weißen, wirbelnden Bucht.

Jetzt ist Zeit, das Seemannsgarn hervorzuholen, die Geschichten, die wir am Feuer erzählten, während wir Kastanien rösteten und während das Gaslicht auf kleiner Flamme vor sich hin brannte. Gespenster mit ihrem Kopf unter dem Arm zogen ihre Ketten hinter sich her und riefen »Huuuuhuuuu!« wie Eulen in den langen Nächten, in denen ich es nicht wagte mich unzudrehen und hinter mich zu schauen. Wilde Bestien lauerten im Kabuff unter der Treppe, wo der Gasometer tickte. »Es waren einmal«, sagte Jim, »drei Jungens, genauso wie wir, die sich in der Dunkelheit im Schnee verirrt hatten, in der Nähe der Kapelle von Bethesda, und was meint ihr, was mit ihnen geschah ...« Es war das bei weitem grauenvollste Ereignis, von dem ich je gehört hatte.

Weiterhin erinnere ich mich, daß wir einmal loszogen, um Weihnachtslieder zu singen. Es war ein oder zwei Nächte vor Heiligabend und es war nicht die Klinge eines Mondes am Himmel, der die geheimnisvollen, weiß-verwehten Straßen hätte beleuchten können. Am Ende einer langen Straße lag eine Einfahrt, die zu einem großen Haus führte, und in jener Nacht stapften wir die Dunkelheit dieser Einfahrt hinauf, ein jeder von uns hatte große Angst, jeder hielt für alle Fälle einen

Stein in der Hand, und alle waren wir viel zu mutig, um ein Wort zu sagen. In den Bäumen an der Einfahrt machte der Wind Stimmen wie von alten, unangenehmen Männern, die pfeifend und heulend in Höhlen saßen und vielleicht Schwimmhäute an ihren Füßen hatten. Schließlich kamen wir an dem schwarzen Massiv von einem Haus an.

»Was sollen wir ihnen vorsingen?«, flüsterte Dan.

»›Hark the Herald?‹, ›Christmas comes but Once a Year?‹«

»Nein«, sagte Jack. »Laßt uns ›Good King Wenceslas‹ singen. Ich zähle bis drei.«

Eins, zwei, drei, und wir fingen an zu singen, unsere Stimmen hoch und so als wären sie in weiter Ferne, in der schnee-samtigen Dunkelheit um das Haus, das von niemandem bewohnt war, den wir kannten. Wir standen bei der dunklen Tür eng beisammen.

Good King Wenceslas looked out
*On the Feast of Stephen.**

Und dann hörten wir eine kleine, trockene Stimme, wie die Stimme von jemandem, der seit langer Zeit nicht mehr gesprochen hat, und sie stimmte in unseren Gesang mit ein: eine kleine, trockene Stimme von der anderen Seite der Tür, eine kleine trockene Stimme durch das Schlüsselloch. Als wir aufhörten zu rennen und stehenblieben, befanden wir uns vor *unseren* Haus. Das Zimmer zur Straße hin war wunderschön und hellerleuchtet. Das Grammophon spielte. Wir sahen die roten und weißen Luftballons, die von der Gaslampe herabhingen. Onkels und Tanten saßen um das Kaminfeuer. Mir war, als würde ich unser Abendessen riechen, das in der Küche gebraten wurde. Alles war wieder gut, und überall in der vertrauten Stadt erstrahlte der Schein von Weihnachten.

* Der gute König Wenzel schaute hinaus/ Am Feiertag zu Ehren des Stephen.

»Vielleicht war es ein Gespenst«, meinte Jim.

»Vielleicht waren es Trolle«, sagte Dan, der sehr viel und immerzu las.

»Kommt, wir gehen rein und gucken, ob da noch Grütze übrig ist«, schlug Jack vor.

Und genau das machten wir.

Laurie Lee

Weihnachtslieder-Grölen

Als Weihnachten näher rückte, lag hoher Schnee, der die Fahrbahn auf die Höhe der Hecken am Straßenrand anhob. Es gab Millionen Tonnen von dem herrlichen Zeugs. Es war formbar, rein, für alle Zwecke geeignet und gehörte niemandem. Man konnte den Schnee modellieren, einen Tunnel bauen, essen oder einfach nur eine Schneeballschlacht machen. Er bedeckte die Hügel und schnitt die Dörfer vom Rest der Welt ab, aber niemand dachte an Rettungsaktionen, denn es war genug Heu in den Scheunen und Mehl in den Küchen. Die Frauen backten Brot, die Kühe wurden gefüttert und hatten ein Dach über dem Kopf – immerhin waren wir schon öfter abgeschnitten gewesen.

Die Woche vor dem Weihnachtsfest, als der Schnee am höchsten zu liegen schien, war die Zeit des Weihnachtslieder-Singens, und wenn ich an diese Abende zurückdenke, habe ich vor allem das Knirschen des Schnees und das Licht der Laternen auf dem Weiß in Erinnerung. In meinem Dorf bedeutete das Weihnachtslieder-Singen einen besonderen Zehnt für die Jungs, die Mädchen hatten wenig Anteil daran. Wie die Heuernte, das Brombeerenpflücken, das Wegräumen von Steinen und das Übermitteln von frohen Ostergrüßen war es eines unserer besonderen jahreszeitlichen Ereignisse.

Wir wußten instinktmäßig, wann der geeignete Zeitpunkt war, um damit zu beginnen. Einen Tag zu früh, und wir wären nicht willkommen gewesen, einen Tag zu spät, und wir hätten verschlossene Blicke von Leuten geerntet, deren Großzügigkeit bereits erschöpft war. Als der richtige Augenblick kam, perfekt austaxiert, erkannten wir ihn und waren bereit.

Sobald also das Holz in den Ofen geschichtet worden war, um für das Feuer am Morgen zu trocknen, zogen wir unsere Schals an und gingen hinaus und durch die Straßen, wo wir laut durch die Hände riefen, bis all die verschiedenen Jungs, die das Signal kannten, aus ihren Häusern gerannt kamen, um zu uns zu stoßen.

Einer nach dem anderen kamen sie durch den Schnee gestolpert, schwangen ihre Laternen über den Köpfen, schrien und husteten fürchterlich.

»Kommt Ihr auch zum Weihnachtslieder-Singen?«

Wir waren der Kirchenchor, so daß eine Antwort unnötig war. Das ganze Jahr lang hatten wir mit manch' falschen Tönen den Herrn gepriesen, und als Belohnung für diesen Dienst hatten wir – an der Spitze der Gruppe – das Recht, alle großen Häuser aufzusuchen, um unsere Weihnachtslieder zu singen und unseren Tribut einzusammeln.

Sämtliche Häuser einzubeziehen, bedeutete einen Fußmarsch von fünf Meilen durch unwirtliches und im allgemeinen schneebedecktes Gelände. Daher war das erste, was mir machten, die Planung unserer Route; eine Formalität, da die Route sich niemals änderte. Nichtsdestotrotz pfiffen wir auf den Fingern und argumentierten heftig, und schließlich wählten wir unseren Anführer. Das war jedoch nicht bindend, denn wir alle sahen uns selbst als Anführer, und derjenige, der in dieser Position in den Abend startete, trottete in der Regel mit einer blutenden Nase nach Hause.

Acht von uns zogen an diesem Abend los. Sixpence der Doofe war dabei, der noch niemals in seinem Leben ein Lied gesungen hatte (er machte in der Kirche nur seinen Mund auf und zu); außerdem die Brüder Horace und Boney, die immer mit jedem Streit anfingen und ständig den kürzeren dabei zogen; Clergy Green, der predigende Verrückte; Walt der Rabauke und meine beiden Brüder. Als wir den Weg entlanggingen, waren schon andere Jungs aus anderen Dörfern auf den Hügeln, brüllten »König Wenzel« und riefen durch die Schlüssellöcher: »Wenn an die Türe wir klopfen, lauschet der Glocke Klang! Und gebt uns einen Penny für unseren schönen Gesang!« Anders als wir, der Chor, waren sie zwar nicht allgemein als würdig anerkannt, etwas für die Wohltätigkeit zu tun, aber es lag etwas von Wettkampf in der Luft.

Unsere erste Station war wie gewöhnlich das Haus des Gutsherrn, und nervös tappten wir seine Einfahrt hinunter. Als Lichter hatten wir Kerzen in Marmeladengläsern, die an Kordeln befestigt waren und getragen werden konnten. Sie warfen blasse Lichtstrahlen auf die Schneehaufen, die sich an beiden Seiten der Einfahrt auftürmten. Ein stürmischer Wind blies, und wir waren alle warm eingepackt, mit Armeegamaschen an den Beinen, Wollmützen auf den Köpfen und mehreren Schals um die Ohren.

Als wir uns dem großen Haus über seinen weißen stillen Rasen näherten, verfielen auch wir in respektvolles Schweigen. Der See in der Nähe lag steif und schwarz, der Wasserfall gefroren und still. Wir gruppierten uns mit den Füßen schlurfend um die große Eingangstür, klopften und kündigten den Chor an.

Ein Hausmädchen trug die Kunde von unserem Eintreffen in die hallenden Fernen des Hauses, und während wir warteten, räusperten wir uns lautstark. Dann kam sie zurück, die Tür blieb für uns weit geöffnet, und wir wurden gebeten, zu beginnen. Wir hatten keine Noten mitgebracht, wir konnten die Weihnachtslieder auswendig. »Laßt uns ›Wild Shepherds‹ vorsingen«, sagte Jack. Wir fingen an, völlig konfus, und verfielen in einen Trümmerhaufen von Tonlagen, von unterschiedlichen Texten und Tempi. Aber wir sammelten uns, und derjenige, der am lautesten sang, zog die anderen mit sich, so daß das Weihnachtslied Form annahm, wenn nicht gar Wohlklang.

Das riesige Steinhaus, mit seinen efeuumrankten Wänden, war immer geheimnisumwoben für uns. Was hatte es mit diesen Dachgiebeln auf sich, mit den Räumen und den Mansardenzimmern, mit den engen Fenstern, die von Zedern verdeckt wurden? Während wir »Wild Shepherds« sangen, reckten wir unsere Hälse und starrten in die erleuchtete Eingangshalle, die wir niemals betreten hatten. Wir starrten auf die Musketen und die leeren Stühle, die großen Wandteppiche, die mit Staub bedeckt waren, bis wir plötzlich, auf der Treppe, den alten Gutsherrn persönlich erblickten, wie er dort stand und uns zuhörte, den Kopf zur Seite geneigt.

Er bewegte sich nicht, bis wir fertig waren. Dann kam er langsam und schwankend auf uns zu, ließ mit zitternder Hand zwei Münzen in unsere Büchse fallen, kratzte seinen Namen in das Buch, das wir bei uns trugen, warf jedem von uns einen langen Blick aus seinen feuchten halbblinden Augen zu, und dann ging er still und leise wieder davon.

Als ob wir von einem Fluch erlöst wären, machten wir ein paar bedächtige Schritte, bevor wir anfingen, mit größter Geschwindigkeit zu dem Tor zu rennen. Wir blieben erst wieder stehen, als wir das Gelände verlassen hatten. Dann trieb uns jedoch die Ungeduld, die Höhe seiner Gabe zu erfahren. Wir drängten uns bei den Kuhställen, hielten unsere Laternen über das Buch und sahen, daß er »zwei Schilling« eingetragen hatte. Das war ein recht guter Anfang. Niemand in der Gegend, der etwas auf sich hielt, würde sich die Blöße geben, weniger zu spenden als der Gutsherr.

Mit dem Geld in der Büchse schoben wir uns dann weiter das Tal hinauf, wobei einer des anderen musikalische Darbietung verächtlich kommentierte. Mit dem Selbstvertrauen, das wir jetzt hatten, fingen wir an, unsere Qualitäten zu diskutieren und zu überlegen, ob nicht das ein oder andere Weihnachtslied besser für uns geeignet wäre als ein anderes. Walt war der Ansicht, Horace solle überhaupt nicht singen, er stehe zu kurz vor dem Stimmbruch. Horace war damit gar nicht einverstanden, und es entfachte sich ein kleiner Kampf um Rang und Ansehen – sie kämpften im Gehen, indem sie sich gegenseitig den Schnee entgegenkickten. Bald aber vergaßen sie die Sache, und Horace sang weiter.

Ohne Unterbrechung arbeiteten wir uns voran durch die gesamte Länge des Tals, gingen von Haus zu Haus, besuchten die niederen und die gehobeneren Leute von Rang und Namen – die Bauern, die Ärzte, die Kaufleute, die Armeeoffiziere und andere bedeutende Persönlichkeiten. Es war starker Frost und ein kalter Wind blies über das Land, dennoch war uns nicht eine Sekunde lang kalt. Der Schnee wehte uns ins Gesicht, in die Augen und in den Mund, durchnässte unsere Gamaschen, drang in unsere Schuhe und tropfte von unseren Wollmützen. Doch uns machte das nichts aus. Die Sammelbüchse wurde schwerer und die Namensliste in dem Buch länger und wies eine wachsende Freigiebigkeit auf, da jeder versuchte, den anderen zu übertreffen.

Meile um Meile gingen wir voran, kämpften gegen den Wind, fielen in Schneeverwehungen und orientierten uns an den Lichtern der Häuser. Aber dennoch bekamen wir unsere Zuhörer niemals zu Gesicht. Wir besuchten ein Haus nach dem anderen, wir sangen in Höfen und unter Vorbauten im Eingangsbereich der Häuser, vor Fenstern oder in feuchten und düsteren Korridoren; wir hörten Stimmen aus verborgenen Räumen; wir konnten den Geruch von vornehmen Kleidern und von fremden heißen Speisen riechen; wir sahen Hausmädchen, die Teller hineintrugen oder Kaffeetassen wegbrachten; wir erhielten Nüsse, Küchlein, Feigen, eingelegten Ingwer, Datteln, Hustenbonbons und Geld; aber unsere Gönner sahen wir kein einziges Mal. Wir sangen gewissermaßen gegen die Wände von Burgen und Schlössern, und von dem Gutsherrn abgesehen, der sich gezeigt hatte, um zu beweisen, daß er noch lebte, hatten wir es nie anders erwartet.

Im Laufe des Abends gab es Ärger mit Boney. »Noël« beispielsweise hatte eine schwungvolle Melodie, und Boney bestand darauf, sie zu schmettern, doch er sang sie eintönig. Die anderen untersagten ihm, das Lied überhaupt zu singen, woraufhin Boney sagte, er würde uns verprügeln. Als er sich wieder aufrichtete, stimmte er zu, daß wir recht hatten, dann verschwand er. Er drehte sich einfach um, stapfte in den Schnee und gab keine Antwort, als wir ihn zurückriefen. Viel später, als wir einen entlegenen Ort des Tales erreichten, sagte jemand »Hört!« und wir hielten an und horchten. Aus weiter Ferne war über die Felder hinweg von dem abgelegenen Dorf der Klang einer zarten, singenden Stimme zu hören. Sie sang »Noël«, sang es eintönig – es war Boney, der auf eigene Faust sein Geschäft machte.

Wir näherten uns unserem letzten Haus hoch oben auf dem Hügel, dem Anwesen von Bauer Joseph. Für ihn hatten wir ein besonderes Weihnachtslied ausgewählt, das von dem anderen Joseph handelte, so daß wir beim Singen immer das Gefühl hatten, es würde dem Abend eine dreiste Spritzigkeit hinzufügen. Das letzte Stück Weg auf dem Weg zu seinem Bauernhof war vielleicht das schwierigste von allen. In diesen rauhen, kahlen Wegen, die für alle Winde erreichbar waren, lagen Schafe begraben und Kutschwagen kamen vom Weg ab. Dicht aneinander gedrängt stapften wir gegenseitig in unseren Fußspuren, pulvriger Schnee blies uns in unsere zusammengekniffenen Augen, die Flammen der Kerzen waren klein, einige gingen ganz aus, und wir redeten lauter, um das Heulen des Sturms zu übertreffen.

Schließlich überquerten wir den gefrorenen Fluß bei der Mühle, deren Rad im Sommer noch immer einen wenig effektiven Mechanismus antrieb, und stiegen hinauf zu Josephs Bauernhof. Er stand im Schutz einiger Bäume, warm auf einem Bett aus Schnee, es schien dort immer so zu sein. Wie immer war es spät; wie immer war dies unsere letzte Station. Oben auf dem Schnee lag eine dünne Eiskruste und die alten Bäume glitzerten wie Girlanden.

Wir stellten uns um den Vorbau des Bauernhauses auf. Der Himmel klarte auf, und breite Sternenstrahlen liefen über das Tal und weiter nach Wales. An den weißen Hängen von Slad, die wir durch die schwarzen Stämme der Bäume sehen konnten, brannten noch immer einige rote Lampen in den Fenstern.

Alles war ruhig; überall herrschte das leichte Rascheln der Stille einer Winternacht. Wir fingen an zu singen und waren alle von den Worten und der plötzlichen Echtheit unserer Stimmen tief bewegt. Rein, äußerst klar und ohne keuchendes Luftholen sangen wir:

As Joseph was a walking
He heard an angel sing;
»This night shall be the birth-time
Of Christ the Heavenly King.

He neither shall be bornèd
In Housen nor in hall,
Nor in a place of paradise
*But in an ox's stall ...«**

Und zweitausend Weihnachten wurden dabei für uns wahr. Die Häuser, die Säle, die Paradiese hatten wir alle schon aufgesucht. Die Sterne leuchteten hell, um die Könige auf ihrem Weg durch den Schnee zu geleiten. Und auf der anderen Seite des Gehöfts konnten wir die Tiere in ihren Ställen hören. Wir bekamen Bratäpfel und heiße Frucht-Küchlein, in unseren Nasen hatten wir die Gerüche von Gewürzen wie Myrrhe, und in unserer hölzernen Sammelbüchse waren, als wir uns auf dem Rückweg in das Dorf befanden, goldene Gaben für alle.

* Als Joseph seines Weges ging,/ hörte er 'nen Engel singen:/ »In dieser Nacht wird Christus/ der himmlische König geboren./ Nicht in einem Haus oder in einem Saal/ wird er geboren werden,/ auch nicht im Paradies,/ sondern in eines Ochsen Stall.

Miss Read

Jingle Bells

Unser Hausmeister Mr. Willet hielt Wort, und während ich »in aller Frühe« am nächsten Morgen mein Frühstück aß, war dies von dem Geräusch begleitet, mit dem er in der Ferne Kohlen zusammenfegte.

Er war noch immer dabei, als ich zur Schule hinüberging. Schwungvoll führte er den Besen in seinen geschickten Händen, und sein Atem umhüllte seinen Kopf wie silbrige Wolken.

»Scheußlich kalter Morgen«, rief ich ihm zu und suchte eilig einen Unterschlupf.

»Das hält mich warm«, antwortete er und hielt inne, um sich auf seinen Besen zu stützen und einen Moment auszuruhen. »Aber ich nehme an, daß ich das nicht mehr lange machen werde.«

»Nur noch drei Tage«, bemerkte ich zustimmend. »Dann haben wir wunderschöne Weihnachtsferien!«

»Sie sollten sich schämen!«, sagte Mr. Willet vorwurfsvoll. »Eine junge Frau wie Sie, die sich wünscht, daß das Leben vergeht.«

Aber es war zu kalt, um herumzudisputieren, und ich hatte nur noch Zeit, ihm zuzuwinken, bevor ich mich schnell in den Schutz der Eingangshalle flüchtete.

Der letzte Tag eines Schultrimesters hat einen ganz eigenen Charme, besonders am Ende des Trimesters vor Weihnachten. Aufregung und Spannung liegen in der Luft, hervorgerufen von den Gedanken an die kommenden Freuden und die bevorstehende Freiheit; hinzu kommt das Gefühl der Entspannung vom Alltagstrott, das durch den Anblick der herrlich leeren Schultische noch weiter verstärkt wird. Die Bücher werden eingesammelt und ordentlich in Stapeln im Schrank verstaut. Klassenarbeiten und Übungshefte werden weggeräumt. Alles, was übrig bleibt, um die kleinen Hände and diesem letzten, großartigen Tag zu beschäftigen, sind ein Bleistift und lose Blätter Papier, die für genau solch einen Anlaß aufgehoben wurden.

Natürlich wird auch noch unterrichtet und etwas gelernt. Es wird Kopfrechen geübt und kleinere Aufsätze werden geschrieben. Vielleicht gibt es auch ein paar Rechtschreibübungen, vielleicht wird ein wenig gebastelt, und die Schüler erzählen sich gegenseitig Geschichten. Und die Kinder wußten schon, daß es heute Weihnachtslieder geben würde und einen Besuch in der alten grauen Kirche nebenan, um die Krippe zu sehen, die die Frau des Vikars und andere Frauen aus dem Dorf neulich aufgestellt hatten. Schon der bloße Gedanke an das alles verbreitete eine glühende Begeisterung unter den Kindern, und ihnen war ganz warm trotz der Kälte des Winters.

Voller Freude gingen sie hinein, überschwenglicher denn je, mit kirschroten Nasen, Haaren, die sich von der feuchten Dezemberluft kringelten, und mit Gummistiefeln, an denen der Schlamm von Fairacre klebte. Ich wollte sie in die Eingangshalle zurückscheuchen, bevor unsere Xanthippe von Reinemachefrau sie entdeckte, aber ich war zu langsam.

Mrs. Pringle kam aus dem Raum, in dem die Kleinen Unterricht hatten und in dem sie gerade einen Kohleneimer auf der ausgebreiteten Seite der Bildungsbeilage der Timesplaziert hatte. Mit unverhohlener Abneigung schaute sie auf meine Schüler.

»Hier ist wohl keiner in der Lage, das Kratzeisen vor der Tür zu benutzen?«, fragte sie säuerlich. »Sieht mir jedenfalls nicht danach aus. Ihr Kinder müßtet mal ein oder zwei Stunden hier den Boden so schrubben wie ich das muß. Dann würdet ihr es euch zweimal überlegen, bevor ihr meine sauberen Dielen hier so dreckig macht.«

Sie warf einen bösen Blick in meine Richtung und stapfte hinaus in die Eingangshalle. Die Kinder wichen vor ihr zurück und achteten dabei besonders auf ihr deutliches Hinken, ein untrügliches Zeichen von Leiden und Ärger.

Das Klappern des Kratzeisens und das Zuschlagen der schweren gotischen Tür verkündete, daß Mrs. Pringle sich auf den Weg zu ihrem Häuschen machte. Sie würde erst am Mittag zurückkommen, um die Sachen vom Schulessen abzuwaschen. Die Stimmung der Kinder wurde wieder besser, und sie sangen »Away in a manger« fast mit mehr Enthusiasmus als es vielleicht in der Gebetsstunde nötig gewesen wäre.

Die Kleinen begaben sich auf ihre Seite der Trennwand und meine Klasse bereitete sich darauf vor, sich mit einem Teil ihrer Aufmerksamkeit einigen leichten Schulaufgaben zu widmen. Wie jeder Lehrer weiß, hat das Einmaleins immer ein gutes Maß an Übung nötig, so daß ein Test auf dem Schreibpapier, das bereits ausgeteilt worden war, als ein sinnvoller Weg erschien, um eine Mathematikstunde abzuhalten. Es war kein Wunder, daß die Aufregung im Klassenraum anstieg. Über den Köpfen der Schüler raschelten die Papiergirlanden in all ihrer bunten Pracht und in der Ecke, auf dem jetzt blanken Naturtisch, glitzerte der Weihnachtsbaum mit Lametta und glänzendem Flitterzeug.

Doch in diesem Jahr hingen keine Päckchen daran. Eigentlich gab es in der Schule von Fairacre am letzten Nachmittag vor den Weihnachtsferien eine Feier. Dann kamen Mütter und Väter und Gönner der Schule, es gab reichlich Tee und Gebäck, und man schaute den Kindern zu, wie sie ihre Päckchen erhielten, die am Weihnachtsbaum hingen. In diesem Jahr aber sollte die Feier nach Weihnachten im Gemeindesaal stattfinden, und zur anschließenden Unterhaltung war ein Zauberer engagiert worden.

Irgendwie aber nahmen die Kinder dennoch an, daß sie an diesem Tag nicht mit leeren Händen nach Hause gehen würden, da war ich mir sicher. Und dieser rührende Glaube, den ich auf gar keinen Fall zerstören wollte, trug während des gesamten Morgens zusätzlich zu ihrer Freude bei.

Das Wetter wurde zunehmend schlechter. Schneeregen peitschte über das Sportfeld, und durch das Oberlicht zog es bitterlich und blies in die Papiergirlanden. Ich setzte den Milchtopf auf die Ofenplatte, worüber die Kinder sich offensichtlich freuten. Obwohl ein paar Abgehärtete von ihnen sogar an den frostigsten Tagen ihre Milch eiskalt herunterschluckten, zogen es die meisten von ihnen doch vor, sich ein wenig verwöhnen zu lassen, und sahen es gerne, wenn ihre Flaschen im verbeulten Topf warm gemacht wurden. Das langsame Erhitzen der Milch bereitete ihnen ausgesprochene Freude, und gewöhnlich genoß dieses Schauspiel an kalten Tagen mehr Aufmerksamkeit als ich.

»Sie kocht, Miss!«, rief einer ängstlich.

Ein anderer schlug vor: »Soll ich mal schauen, ob mit der Milch alles in Ordnung ist?«

Ein dritter fragte: »Soll ich die Tassen bereitstellen?«

An einem Tag, den wir nie vergessen werden, ließen wir die Milch auf dem Feuer, während wir auf dem Schulhof als Flugzeuge, galoppierende Pferde, Züge und andere sich rasend bewegende Objekte ein paar stürmische Runden drehten. Als wir ganz außer Atem und abgehetzt wieder hineinkamen, fanden wir eine kochende, brutzelnde Masse vor, die die gesamte Herdplatte bedeckte und an den Seiten des Ofens langsam herunterlief. Mrs. Pringle sorgte dafür, daß keiner von uns dieses Mißgeschick vergessen sollte. Die Kinder gaben gerne vor, sie würden mich nur daran erinnern, um zu verhindern, daß ich den Zorn der Dame nochmals auf mich ziehe.

Während sie an ihrer dampfenden Milch nippten, unterhielten sie sich angeregt.

»Was wünschst du dir zu Weihnachten?«, wollte Patrick von Ernest wissen, mit dem er die Schulbank teilte.

»Boxhandschuhe«, antwortete Ernest, der dabei kurz seinen Kopf hob, so daß man seinen weißen Milchbart sah.

»Also, ich kriege einen Fußball und einen Astronautenhelm und ein paar neue Buntstifte und eine Signalanlage für meine Eisenbahn«, verkündete Patrick stolz.

Linda Moffat, die so ordentlich war wie aus dem Ei gepellt, von den glänzenden Haaren bis zu den ebenso glänzenden Lackschühchen, ließ mich wissen, daß sie auf einen neuen Handarbeitskasten hoffe, der innen rosa ausgekleidet war. Ich erinnerte mich an die kleine Stickschere in der Form eines Storchs, die ich am vergangenen Abend für sie eingepackt hatte, und gratulierte mir dazu.

»Was wünschst du dir?«, fragte ich Joseph Coggs, der mich wie ein Äffchen über den Rand seines Bechers hinweg ansah.

»Fußball«, krächzte Joseph in seiner heiseren, schreienden Stimme. »Vielleicht krieg' ich den sogar.«

Mir kam in den Sinn, daß dies eine ausgezeichnete Gelegenheit für eine Übung im Schreiben und Buchstabieren wäre. Nachdem die Kinder ihre Milch ausgetrunken hatten, ließ ich sie auf langen Streifen Papier schreiben.

Der erste Eintrag war: »Ernest wünscht sich ein paar Boxhandschuhe zu Weihnachten.«

»Patrick hofft auf –«, so fing der zweite an. Die Kinder beteiligten sich mit viel Enthusiasmus am Aufstellen der Liste.

Als Mrs. Crossley, die das Essen brachte, hereinkam, wurde sie über ihre Wünsche ins Kreuzverhör genommen.

»Also, ich weiß nicht recht«, räumte sie ein, während sie Mühe hatte, daß ihr die Dosen nicht hinfielen, die sie gegen ihren nassen Regenmantel drückte. Leicht perplex schaute sie über den Dosen hervor: »Ein Küchen-Set, denke ich. Wißt Ihr, einen Kartoffelstampfer und eine Fischzange und all so was, auf einem schönen kleinen Gestell.«

Offensichtlich hielten die Kinder dies für ein recht armseliges Geschenk, aber sie fingen an aufzuschreiben: »Mrs. Crossley wünscht sich ein Küchen-Set«, doch sie machten einen äußerst ungläubigen Eindruck, als sie dies unter dem letzten Eintrag notierten.

»Und was wünschen Sie sich?«, fragte Linda, nachdem Mrs. Crossley verschwunden war.

»Laßt mich mal sehen«, sagte ich langsam. »Ein ganz besonderes Stück Seife vielleicht und Badesalz. Und ein oder zwei Bücher sowie einen neuen Rosenstrauch, den ich bei meiner Hintertür pflanzen werde.«

»Ist das alles?«

»Keine Süßigkeiten?«

»Nein, keine Süßigkeiten«, sagte ich. »Aber was mir gefallen würde, ist ein äußerst hübscher kleiner Ring, den ich letzten Samstag in Caxley sah.«

»Dafür müssen Sie aber heiraten«, bemerkte Ernest nüchtern. »Und dafür sind Sie schon zu alt.« Die anderen nickten zustimmend.

»Ihr habt wahrscheinlich recht«, meinte ich zu ihnen und blieb um einen ernsten Gesichtsausdruck bemüht. »Legt Eure Zettel weg, und laßt uns den Tisch für das Mittagessen decken.«

Der Schneeregen schmerzte uns fürchterlich auf den Gesichtern, als wir über den Kirchhof in die St. Patricks-Kirche rannten. Innen war es kalt und schummerig. Die marmornen Gedenktafeln an der Wand schimmerten leicht im Düstern, und die Luft war ziemlich frisch.

Die Krippe jedoch leuchtete in rosigem Licht, ein Flekken der Wärme und der Hoffnung inmitten der Dunkelheit. Die Kinder näherten sich ihr auf Zehenspitzen, so sehr hatte ihnen die Atmosphäre Ehrfurcht eingeflößt.

Sie verbrachten eine ganze Weile damit, die Krippe zu bestaunen, flüsterten sich gegenseitig zu, wie sehr sie alles bewunderten, und machten einander auf bestimmte Details aufmerksam. Sie wollten den Ort gar nicht mehr verlassen und den Unterschlupf, den die große Kirche bot, die in vielen Jahrhunderten schon schlimmeren Unwettern getrotzt hatte als diesem.

Wir rannten zurück in die Schule, denn ich hatte einen geheimen Plan geschmiedet, den ich umsetzen wollte, und die Zeit, die ich dafür vereinbart hatte, war drei Uhr. Viertel vor schlug die Glocke von St. Patrick, als wir über den Kirchhof huschten.

Ich hatte mich mit dem Grundschullehrer verabredet. Punkt drei würden wir uns allein in der Eingangshalle treffen und dort einige Glocken läuten, die wir zuvor aus der Kammer geholt hatten, in der das Schlagzeug und die Gerätschaften der Musik-Gruppe verstaut waren. Wir hofften, daß die Kinder glauben würden, ein unsichtbarer Weihnachtsmann wäre mit seinem Schlitten gekommen und hätte zwei Säcke mit Päckchen gebracht und in der Eingangshalle abgestellt. Zur Zeit standen die beiden noch im Flur in meinem Haus. Ich hatte vor, meine Klasse für ein paar Minuten zu verlassen, die Glocken zu läuten, sie vor den neugierigen Augen zu verstecken und dann zu den Kindern zurückzukehren.

Ich hatte gewiß nicht die Hoffnung, daß sich viele meiner Kinder von diesem wenig ausgeklügelten Vorgehen täuschen lassen würden. Aber den Kleinen würde es gefallen, und auch die Jüngeren in meiner Klasse würden ihre Freude haben. Ich war immer wieder erstaunt über die bemerkenswerte Zurückhaltung, die die älteren Kinder an den Tag legten, wenn es um den Weihnachtsmann ging. Diejenigen, die Bescheid wußten, waren offensichtlich umso mehr darauf bedacht, mit Blick auf die jüngeren den Schein aufrechtzuhalten. Vielleicht fürchteten sie auch, es gäbe keine Geschenke, wenn sie die Katze aus dem Sack ließen oder mit ihrem Wissen prahlen würden.

Ich gab den Schülern mehr Papier, um sie zu beschäftigen. Ich sagte ihnen, sie könnten doch ein Bild von der Krippe in St. Patrick oder von irgendeiner Winterlandschaft malen. Einer von ihnen wollte seine Liste mit den Geschenken fortführen, was ihm bereitwillig erlaubt wurde. Es kam darauf an, daß die Klasse Schlag drei Uhr äußerst ruhig war. Unsere gotischen Türen sind aus massiver Eiche, so daß ich die Schlittenglocken wie verrückt schütteln müßte, damit man sie hören würde.

Die Uhr an der Wand zeigte zwei Minuten vor drei, als Patrick von seinem Blatt aufschaute. Er war dabei, eine Kirche zu malen, deren vier Seiten man alle zur selben Zeit sehen konnte und die als Krone so etwas wie einen Mammut-Vogel-Strauß trug.

»Meine Hände sind schmutzig«, sagte er. »Darf ich hinaus in die Halle gehen und sie dort waschen?«

Unmögliches Kind! Ausgerechnet in diesem Augenblick! »Jetzt nicht«, sagte ich mit betont ruhiger Stimme. »Wisch sie einfach an deinem Taschentuch ab.«

»Er zog einen dunklen, grauen Lappen aus seiner Hosentasche und wischte die störende Hand daran ab, wobei er seufzte wie ein Märtyrer. Er gehörte zu den jüngeren Kindern, und ich fragte mich, ob er vielleicht auch nur annähernd an Schlittenglöckchen glauben würde.

»Ich gehe nur mal schnell rüber in mein Haus«, erklärte ich ihnen und war froh, das mit meinem Gewissen vereinbaren zu können. »Verhaltet euch absolut ruhig, solange ich weg bin. Die Kleinen hören bitte einer Geschichte zu.«

Alles lief nach Plan. Mit den beiden Säcken bahnte ich mir meinen Weg zurück durch den Schneeregen. Den einen stellte ich in der Eingangshalle vor der Tür von dem Klassenzimmer ab, in dem die Grundschüler waren, den anderen plazierte ich vor unserem Raum.

In der Eingangshalle herrschte Totenstille. Ich holte die Glocken hinter dem Stapel von gelben Seifenstücken hervor, die Mrs. Pringle auf einem hohen Regal verstaut aufbewahrte, und schlich zur Eingangstür, wo ich anfing, die Glocken zu läuten. Der Weihnachtsmann ist schon aus der Ferne zu vernehmen und nähert sich rasch, sagte ich zu mir. Ob man sie hören würde? Mit solchen Gedanken im Kopf schwankte ich wild schüttelnd in den offenen Eingangsbereich.

Der Schneeregen peitschte gegen die Tür, als ich sie leise hinter mir schloß. Mit aller Kraft war ich nun vor den beiden inneren Türen dabei, die Glocken zu läuten. Der Himmel bewahre, daß jetzt eines der Kinder herausplatzt und sieht, was hier vor sich geht!

Aus beiden Räumen drang eine unheimliche Stille. Nach einem letzten gewaltigen Läuten schlich ich mich durch die Halle zu der Seife und verstaute die Glocken sicher außer Sichtweite. Dann begab ich mich flink zurück in das Klassenzimmer. Man hätte eine Stecknadel fallen hören können.

»Draußen haben Glocken geläutet«, sagte Joseph heiser.

»Die Kirchturmuhr hat gerade drei geschlagen«, bemerkte ich und tat so, als wäre ich an der Tafel beschäftigt.

»Nein, kleine Glöckchen!«, betonte jemand.

In diesem Augenblick sprang die Zwischentür zwischen dem Grundschulraum und unserem auf und gab den Blick frei auf eine wilde Horde mit leuchtenden Augen, die einen Sack durch den Raum zerrte.

»Der Weihnachtsmann war da!«

»Wir haben ihn gehört!«

»Wir haben irgendwie Glockenläuten gehört!«

»Ja, richtig, Schlittenglocken.«

Mittlerweile hatte Ernest unsere Tür zur Eingangshalle geöffnet und kam mit dem Sack zurück. Ein Freudenschrei erklang, und die ganze Klasse stürzte sich auf ihn.

»Zurück in eure Bänke«, schnauzte ich. »Ernest kann das Austeilen übernehmen.«

Ernest stellte den Sack auf den Kopf und leerte den Inhalt aus. Das gab einen herrlichen Haufen vollerd rosa und blauer Päckchen. Währenddessen hoppelten die Kinder zurück auf ihre Bänke und hingen quiekend vor Freude über den Tischen.

Die ganz Kleinen saßen auf dem Boden, wo sie mit ehrfürchtigem Entzücken ihre Geschenke erhielten. Es bestand kein Zweifel daran, daß für sie der Weihnachtsmann so wirklich wie eh und je war.

Ich bemerkte, daß Patrick mich anstarrte.

»Haben Sie ihn gesehen?«, fragte er.

»Nicht das geringste bißchen«, sagte ich in glaubwürdigem Tonfall.

Patrick runzelte seine Stirn und war verblüfft. »Ich bin sicher, wenn Sie mir erlaubt hätten, daß ich meine Hände waschen gehe, dann hätte ich ihn gerade gesehen«, sagte er schließlich.

Ich antwortete nicht darauf. Patricks Blick blieb weiter starr auf mein Gesicht gerichtet, bis dann ein langsames süßes Lächeln sein Antlitz in liebliche Rundungen legte. Gemeinsam, inmitten des Tumults, den das Öffnen der Päckchen um uns herum verursachte, teilten wir das unausgesprochene, unvergängliche Geheimnis des Weihnachtsfests.

Später, als die Geschenke ausgepackt waren und der Boden einem Meer aus Papier glich, kam Mrs. Pringle, um mit dem Saubermachen zu beginnen. Ihr Gesichtsausdruck ließ erkennen, daß sie kein Verständnis für das alles hatte, und ihr Hinken war ganz besonders stark.

Die Kinder sprangen um sie herum und zeigten ihr ihre Geschenke.

»Sind meine nicht toll?«

»Schauen Sie, das ist ein Müllwagen!«

»Das hier ist ein magisches Malbuch! Genauso steht es hier geschrieben!«

Vor so viel Freude und Glück wurde Mrs. Pringle ein bißchen schwach und zwang sich ein Lächeln ab.

Ernest erhob seine Stimme, als sie sich langsam und hinkend ihren Weg durch das Zimmer bahnte.

»Mrs. Pringle, Mrs. Pringle!«

Die Frau drehte sich um, eine massige Person, die bis zu den Knöcheln in rosa und blauem Geschenkpapier steckte.

»Was wünschen Sie sich in Ihren Weihnachtsstrumpf, Mrs. Pringle?«, rief Ernest. Eine plötzliche Stille brach aus.

Mrs. Pringle wurde wieder ganz sie selbst.

»In meinen Strumpf?«, fragte sie scharf. »Ein neues Bein! Das ist es, was ich mir wünsche!«

Gravitätisch bewegte sie sich in die Eingangshalle hinaus und tat so, als würde sie das Lachen der Kinder nach dieser ausfälligen Antwort nicht hören.

Ich dachte ironisch, daß Mrs. Pringle wie gewöhnlich so auch diesmal das letzte Wort hatte.

Jan Mark

Willkommen, Weihnacht

Wahrscheinlich hätte Emma niemals die Bekanntschaft von Mr. Jarvis, dem neuen Vikar, gemacht, wenn ihm nicht jemand einen Wink gegeben hätte, daß ihr Paps Orgel spielen konnte. Sie fanden nie heraus, von wem der Tip kam, obwohl Paps sagte, daß wer immer es auch war, er gehöre mit den Füßen nach oben aufgehängt, und mit einem Buttermesser solle man ihm die Haut abziehen, was es wert gewesen wäre, sich anzuschauen, aber eines Tages kam der Vikar einfach ohne Vorwarnung mit seinem Motorrad. Emma kam von der Schule nach Hause und fand ihn im Wohnzimmer vor, eine Tasse Tee bei seinem Ellbogen, Mami sprang herum und Paps kauerte im Sessel.

»Soweit ich weiß, sind Sie so etwas wie ein Organist«, sagte der Vikar zu Emmas Paps, der wegen eines gebrochenen Fingers krank geschrieben war. Er arbeitete als technischer Zeichner bei Featherstones.

»Im Augenblick nicht«, sagte Paps und wedelte mit seinem fetten Finger, der in dem Gipsverband aussah wie eine Pastinake.

»Ja, aber das wird ja nicht für ewig sein«, meinte der Vikar.

»Genauso wenig wie ich selbst«, sagte Paps bedrückt. Er haßte es, krank zu sein, selbst wenn es nur an einem Finger war. Emma mochte es, denn sie war gesund und konnte kaum mal einen Tag von der Schule zu Hause bleiben.

»Es wäre nur für zwei von drei Wochen«, sagte Mr. Jarvis. »Bei der Heiligen Kommunion gibt es keine Musik.« Er wollte nicht aufgeben. Nach ungefähr einer Stunde gab Paps nach, denn sein Finger würde ihn mindestens noch für einen weiteren Monat fernhalten und, wie der Vikar ja gesagt hatte, es war nur für zwei von drei Sonntagen.

Ockney, Cawley und Strang teilten sich einen Vikar. Emma wohnte in Strang, ebenso wie der Vikar, denn es war die größte Gemeinde. Dort gab es eine Siedlung mit Sozialwohnungen, eine Fabrik und den kleinsten Woolworth von England, vielleicht von der ganzen Welt. Sonntags brauste der Vikar auf seinem Motorrad geradewegs von Kirche zu Kirche. Heilige Kommunion in Ockney, Morgenandacht in Strang und Abendgottesdienst in Cawley. Am folgenden Sonntag dann feierten sie alle einen anderen Gottesdienst. Emma fand, das war wie die Reise nach Jerusalem, und sie überlegte, was wohl passieren würde, wenn eine der Kirchen während der Woche zusammenkrachen würde, so daß der Vikar mit einem übriggebliebenen Gottesdienst auf dem Trockenen säße und keinen Ort hätte, wo er ihn verlesen könnte. Schon früher sind Kirchen zusammengekracht. Auf dem Hügel oberhalb von Strang, zwischen der Siedlung mit Sozialwohnungen und der Schiffsmotorenfabrik Featherstone GmbH, lagen die Ruinen der Kirche St. Thomas. Vor sechshundert Jahren hatte das alte Strang auf dem Hügel um die Kirche St. Thomas gelegen, aber nach der Pest, die mit Ausnahme von sieben Dorfbewohnern alle dahinraffte, zog das Dorf fort und fing unten im Tal von neuem an, mit einer neuen Kirche, der Dreifaltigkeitskirche, die keine Anzeichen des Verfalls aufwies.

Oben auf dem Hügel versank St. Thomas sanft im Boden, bis das Gras alles überdeckte, und jetzt spielten die Kinder der Umgegend auf den grünen Haufen und Hügelchen, die einstmals das Kirchenschiff und die Kanzel waren. Sie spielten lieber dort als auf dem Gemeinde-Spielplatz, wo es Schaukeln und Rutschen und Betonröhren gab, wo man durchkriechen konnte. Auch Emma spielte lieber dort. Sie wohnte nicht in der Gemeindesiedlung, aber sie ging oft hinauf, um bei St. Thomas zu spielen.

»Ich will nicht auf einer alten Kirche spielen«, sagte ihre Cousine Naomi, als sie einmal zu Besuch gekommen war. »Da spukt es«, war Naomi sich sicher, noch bevor sie sie gesehen hatte.

»Tut es nicht«, sagte Emma.

»Ich wette, daß es da Geister gibt.«

»Ich hab' nie welche gesehen«, erwiderte Emma. »Zumindest nicht da oben.«

»Wo denn sonst? Ich wette, Du hast nie im Leben einen Geist gesehen.«

»Wette doch, was Du willst. Du würdest einen Geist gar nicht erkennen, wenn Du einen sehen würdest,« sagte Emma, und sie gingen los, um in den Betonröhren zu spielen.

Der Vikar kam im Juli wieder zu Paps. Als es September war, konnte Paps dann nicht mehr länger vorgeben, sein Finger sei steif, so daß er den gesamten Herbst über hinunter zur Dreifaltigkeitskirche ging, zwei von drei Wochen, um bei der Morgenandacht oder dem Abendgottesdienst die Orgel zu spielen. Mami und Emma, die eigentlich nicht in die Kirche gingen, begleiteten ihn gelegentlich, um ihm moralische Unterstützung zu geben, und häufig kam Mr. Jarvis zu Besuch, um die Musik der folgenden Woche abzusprechen. Paps fand sich dann auch an der Orgel bei den Chorproben, bei Hochzeiten und Beerdigungen, und dann war es auf einmal November, und der Vikar fing an, von Weihnachtsliedern zu reden.

Es war ein früher Wintereinbruch in jenem Jahr. Der Vikar stand auf der gefrorenen Treppenstufe an der Eingangstür, starrte in den schwarzen Himmel und auf die leuchtend blauen Sterne, sein Atem dampfte im Licht, das aus dem Hausflur schien, und im Flur wurde es kalt und immer kälter. Mami und Emma drängten sich um den Küchenofen und wünschten, Paps wäre mutig genug, den Vikar rauszuschmeißen und die Tür zu schließen. Zu guter Letzt hörten sie das Donnern und Dröhnen seines Zweitakters, als der Vikar den Hügel hinab davonbrauste.

»In einer dieser Nächte wird er bei der Brücke aus der Kurve fliegen«, sagte Mami hoffnungsvoll, als Paps zurück in den Flur kam und die Tür schloß.

»Er meint, daß es an Weihnachten schneien wird«, sagte Paps und huschte an den Küchenofen, wobei er seine blauen Hände vor sich ausstreckte wie ein Schlafwandler mit Raketenantrieb. »Sagt, er kann's riechen.«

»Für manche ist das ganz in Ordnung«, sagte Mami. »Im Pfarrhaus gibt's eine Zentralheizung.«

»Er will losgehen und Weihnachtslieder singen,« sagte Paps.

»Oh, das seh' ich vor mir«, sagte Mami. »Ich seh' ihn, wie er mit seiner Yamaha durch die Gegend rast und ›Stille Nacht' singt. Damit könnte er die Toten aufwecken.«

»Nicht er selbst«, sagte Paps. »Er meint, wir alle sollten losziehen, zusammen mit den drei Kirchenchören, durch Ockney und Cawley sollen wir auch gehen. Mit Fackeln und Weihnachtsbier und Jack Pewsey mit seiner Klarinette.«

»Jack spielt ,nen heißen Jazz«, hob Mami hervor.

»Ich denke, wir könnten ihn genug abkühlen lassen für ein paar Weihnachtslieder.«

»Das wird das Wetter schon erledigen«, sagte Mami.

»Das will ich hoffen. Wenn es Jack nicht macht, trifft es mich mit einem transportablen Harmonium und vier Pfadfinderjungs, die es ziehen.«

»Die Baptisten in Ockney haben ein Harmonium«, sagte Mami. »Es klingt wie ein Streicherquartett im Abflußrohr.«

»Ich weiß. Ich geh' mal runter in den *Goldenen Anker* und gebe Jack ein paar Glas Bier aus«, sagte Paps.

»Wenn Ihr Weihnachtslieder singen geht, kann ich dann mitkommen?« wollte Emma wissen.

»Wir werden alle gehen«, sagte Mami. Sie drehte sich zu Paps, der gerade seinen Parka anzog: »Der Vikar war letzte Weihnachten noch nicht hier, oder?«

»Er kam kurz vor Ostern. Ich weiß noch, wie ich ihn das erste Mal sah. Es war Karfreitag, und er schlich unter dem Eingangstor zum Kirchhof ,rum.«

»Dann sollte ihn jemand über die Waits informieren. Er sollte die Waits nicht verärgern.«

Die Idee des Vikars schlug ein. In Ockney, Cawley und Strang wollten alle losgehen und Weihnachtslieder singen, auch wenn nicht jeder mit dem Vikar gehen wollte. Der Frauen-Club von Strang beschloß, sich in der Mode der »guten alten Zeit« zu verkleiden, mit einem Schlitten herumzugehen und an die Rentner Tee und Süßes zu verteilen. Die Gesamtschule von Cawley dachte sich eine Konkurrenzveranstaltung dazu aus, bei der Weihnachts-Puddings im Spiel waren, während die Baptisten aus Ockney ihr fahrbares Harmonium hervorholten und anfingen, für sich selbst zu proben. An ruhigen Abenden konnten sie sogar von dem Wachmann oben bei Featherstones Schiffsmotoren gehört werden. Der Vikar machte sich angesichts der Gefahr von so viel Konkurrenz Sorgen und plante eine Aktion, um das zu verhindern. Er berief eine Versammlung nach Strang in den Gemeindesaal ein, um sein Vorgehen zu erläutern.

Er hatte eine Karte von den drei Gemeindebezirken mitgebracht, die mit roten Linien und Pfeilen in drei Zonen unterteilt war. Als Emma daraufschaute, erinnerte sie das an einen Schlachtplan. Sie konnte Mr. Jarvis vor sich sehen, wie er mit seinen Weihnachtsliedersängern, die bewaffnet waren und sich hinter einem Busch versteckten, in einem Hinterhalt lag, wo sie darauf warteten, daß die Baptisten aus Ockney vorbeizögen. Der Vikar erklärte, was die roten Linien bedeuteten.

»Das Weihnachtslieder-Singen beginnt eine Woche vor Weihnachten. Der F.C. geht am zwanzigsten und am dreiundzwanzigsten durch Cawley und Ockney, und am einundzwanzigsten durch Strang. Cawley Gesamtschule wird am einundzwanzigsten in Ockney, am dreiundzwanzigsten in Strang und am zweiundzwanzigsten zuhause sein. Die Baptisten von Ockney werden am einundzwanzigsten in Strang sein und am zweiundzwanzigsten und dreiundzwanzigsten in Ockney und Cawley. Ist das ein annehmbarer Vorschlag zur Koordination?« schloß der Vikar.

»Was ist mit uns?« fragte Paps.

»Aha«, sagte der Vikar und seine Zähne blinkten zufrieden. »Die Vereinten Kirchen-Chöre werden am neunzehnten in Ockney und am einundzwanzigsten in Cawley sein, aber am zwanzigsten werden wir in Strang sein. Und wenn Ihr hier auf die Tabelle schaut, werdet Ihr sehen, daß uns das den ersten Auftritt sowohl in Ockney als auch in Strang sichert. Vor uns wird noch keiner dort die Runde gedreht haben.«

»Und es wird uns den ersten Auftritt bei der Sammlung bescheren«, murmelte Paps.

»Was ist mit den Waits?«, fragte Emma. Sie gab Paps einen Schubs. »Mami hat doch gesagt, Du sollst ihm von den Waits erzählen.«

»Paps sah verlegen aus. »Das ist nicht so einfach, Em.«

Emma konnte sich das gut vorstellen. Der Vikar war nicht die Art Mensch, der Worten zuhörte, die er nicht hören wollte, aber sie blieb hart. Sie gab ihrem Vater einen Stoß.

»Na los, weiter, Paps.«

Paps räusperte sich. »Ähem, Mr. Jarvis ... ist das absolut definitiv?«, fragte er und deutete auf die Karte.

»Und idiotensicher«, sagte der Vikar. »Warum, ist da irgendwo der Wurm drin? Ich vertraue darauf, daß Sie ihn finden.«

»Nein, nicht direkt. Es ist nur, weil die Waits immer am zwanzigsten in Strang singen. Das ist der Abend des Heiligen Thomas, wissen Sie ...«

»Waits? Natürlich weiß ich, daß das der Abend des Heiligen Thomas ist. Welche Waits?«

»Waits. Sie wissen doch, das alte Wort für Sternsinger, Weihnachtsliedersänger«, sagte Paps.

»Äh, ja, aus dem mittelalterlichen Englisch, vom alten normannischen Französisch *waitier*, was zurückgeht auf Altfranzösisch *guaitier* ... Aber was ist mit ihnen? Es gab keine Einwände von ihnen?«

»Nun ja, das ist auch nicht zu erwarten«, murmelte Paps, »aber vielleicht gefällt ihnen die Sache nicht.«

»Wer sind diese Sternsinger, diese Waits? Ein Gesangverein?«

»So könnte man sie nennen«, stimmte Paps zu.

»Wenn sie die Absicht gehabt hätten, den zwanzigsten für sich zu belegen, hätten sie sich melden müssen. Ich habe schon vor zehn Tagen die provisorischen Daten bekannt gegeben. Wer ist ihr Vorsitzender oder Geschäftsführer oder was immer sie haben?«

»Ich denke nicht, daß sie so etwas haben«, sagte Paps. »Sie sind keine offizielle Vereinigung. Einfach nur ein paar Ortsansässige, die gern am Abend des Heiligen Thomas zusammenkommen, um Weihnachtslieder zu singen. Es ist eine Art Tradition«, sagte Paps zögerlich.

»Sie sind herzlich eingeladen, zu unserer Gruppe hinzuzustoßen«, erklärte der Vikar flink und seiner Logik folgend. »Ich werde am Sonntag das Entsprechende dazu sagen.«

Am Sonntag, im Abendgottesdienst, gab er bekannt, daß die Sternsinger, die Waits, herzlich eingeladen seien, mit den Vereinten Kirchen-Chören von Ockney, Cawley und Strang am zwanzigsten Dezember Weihnachtslieder zu singen, aber an keinem anderen Abend und auf keinen Fall als eigene Gruppierung.

»Wie wollen keine Zusammenstöße zwischen rivalisierenden Fans«, sagte der Vikar mit einem fröhlichen Lächeln. In der Gemeinde war ein unzufriedenes, beinahe verärgertes Murmeln zu vernehmen.

»Ich wäre sehr überrascht«, flüsterte Mami, »wenn am zwanzigsten irgend jemand aus Strang für Seine Herrlichkeit den Fuß vor die Tür setzen würde.«

Der letzte Schultag war am Dienstag, dem neunzehnten, und an diesem Abend packten sich Mami, Paps und Emma warm ein, sammelten Jack Pewsey, der Emmas Schulleiter war, und Jacks Klarinette ein und fuhren über vereiste Straßen nach Ockney, wo sie die drei Chöre trafen, die sich vor der *Krone* versammelt hatten, und sangen »O Come all you Faithful«, sozusagen zum Aufwärmen, bevor sie im Programm voranschritten und »The Holly and the Ivy« darboten – mit besonderem Nachdruck auf der Zeile, in der es um das Spielen der fröhlichen Orgel geht.

Dies galt den Baptisten, die zu der Zeit in der Kapelle mit dem Harmonium übten.

Am nächsten Tag, am Morgen des zwanzigsten, rief Jack Pewsey an. Er war heiser und teilte mit, daß ihm die kalte Luft auf die Bronchien geschlagen war und daß er nicht in der Lage sei, an diesem Abend in Strang die Klarinette zu spielen.

»Bronchien, ich krieg' ‚nen Hals«, sagte Mami. »Er will die Waits nicht verärgern, das ist es.«

»Empfindsamer Knabe«, sagte Paps und rief den Vikar an.

»Ich glaube, wir müssen es heute abend bleiben lassen«, sagte er, aber der Vikar rief die Baptisten von Ockney an, und an diesem Nachmittag kam der Pastor mit seinem Minibus herübergefahren und lud das Harmonium an Emmas Eingangstür ab, gerade in dem Augenblick, als Paps von Featherstones nach Hause kam.

»Aber braucht ihr es denn nichts selbst?«, fragte Paps mit wenig Hoffnung.

»Nicht bis Donnerstag. Das verdanken wir Generalissimo Jarvis«, sagte der Pastor und sprang zurück in seinen Minibus. Er war ein athletischer Mann. Das Harmonium hatte er ganz allein ausgeladen. Demgegenüber waren die vereinten Kräfte von Mami, Paps und Emma nötig, um es in die Garage zu befördern.

»Kein Glück«, sagte Paps. »Ich muß da wohl durch mit dem Ding da.« Mit Abscheu schaute er dem Minibus nach, als dieser in der Biegung bei der Brücke etwas ins Schleudern kam. »Warum fahren Kirchenleute so schlecht? Ich kannte diesen verrückten Mönch in Macclesfield – er hatte einen Volvo ...«

»Wir kommen mit«, sagte Emma entschieden. Sie wollte dort sein und alles mitansehen, falls die Waits herauskommen und die Kraftprobe mit dem Vikar suchen würden.

Unter einem sternenklaren Himmel in frostiger Stille versammelten sie sich vor dem Westeingang der Dreifaltigkeitskirche. Der Chor von der Marienkirche in Ockney war da ebenso wie der Chor von der Kirche Allerheiligen in Cawley, aber aus Strang war niemand anwesend außer Mami, Paps, Emma und dem Vikar.

»Ich verstehe«, sagte Mr. Jarvis, als er in die Dunkelheit starrte. »Ich verstehe.«

»Das bezweifle ich«, sagte Emmas Paps unverfroren. Er hatte ein paar Whiskey mit Jack Pewsey getrunken, der behauptet hatte, seine Bronchien müßten ein bißchen durchgespült werden, und er hatte ein hohles Husten dazu aufgelegt, um es glaubwürdiger erscheinen zu lassen. »Die Waits singen heute abend.«

»Und die Leute in Strang ziehen es vor, eine Verabredung mit diesen Sternsingern zu haben, anstatt ihren eigenen Kirchenchor zu unterstützen?«

»Niemand hat eine Verabredung mit den Sternsingern«, sagte Paps, »aber es ist nun mal ihr Abend, und niemand will sie verletzen oder verärgern.«

»Sie waren gewarnt genug«, schnauzte der Vikar. Er wandte sich zu den vier Pfadfinderjungs, die wie Rentiere vor das Harmonium der Baptisten gespannt waren. »Eins, zwei, drei – zieht!«

Die Chöre zogen los und hielten erst wieder an, als sie die Brücke erreicht hatten, wo Emmas eigene Straße eine Biegung machte.

»Wir beginnen mit ›Once in Royal David's City‹«, verkündete der Vikar.

Paps klappte seinen Camping-Stuhl auf, setzte sich an das Harmonium und fing an zu spielen. Die Chöre begannen zu singen. Nachdem sie mit »Royal David's City« fertig waren, gingen die Pfadfinder los und klopften an die Türen, während Paps »Good King Wenceslas« anschlug. Das war ein schöner Kanon für eine so kalte Nacht, und die Chöre sangen voller Energie, aber am Ende jeder Zeile hätte Emma schwören können, daß irgendwo, gar nicht so weit entfernt, ein anderer Chor »Good King Wenceslas« sang, vier Takte hintendran.

» ›O Little Town of Bethlehem‹ «, gab der Vikar das Kommando, als sie fertig waren, und sie sangen von neuem. Diesmal bestand kein Zweifel. Irgendwo in den Straßen von Strang sang noch ein anderer Chor, und zwar nicht »O Little Town of Bethlehem«. Als »O Little Town of Bethlehem« zu Ende war, hielten sie alle inne und lauschten. Über die frostigen Dächer schallten die Klänge eines Weihnachtslieds, das Emma noch nie zuvor gehört hatte, daß ihr jedoch sehr gut gefiel:

»Out of your sleep arise and awake,
For God mankind now hath y-take,
All of a maid without any make:
Of all women she beareth the bell.
*Nowell, nowell, nowell ...«**

»Es sieht so aus, als hätten wir Konkurrenz«, bemerkte der Vikar überflüssigerweise, als das Lied zu Ende war. »Zeit, daß wir weiterziehen, würd' ich vorschlagen.« Er scheuchte die Pfadfinder zurück auf ihre Posten, und die Menge schlitterte im schwingenden gelben Licht der Laterne des Vikars, die er an einer Stange vor ihnen hertrug, über das glitzernde Pflaster. Auf ihrem Weg hörten sie, offensichtlich aus der Gasse jenseits des Marktes, das Bellen tiefer Männerstimmen, sehr laut, sehr selbstsicher.

»Schau an«, sagte Paps in nüchterner Anerkennung, »das Weihnachtslied vom *Boar's Head*. Das hab' ich sie schon seit Jahren nicht mehr singen hören.«

Sie blieben an der Ecke bei der Tankstelle stehen. » ›While Shepherds Watched‹ «, brüllte der Vikar, woraufhin sie das Lied sangen, während eine einzelne Stimme, scharf wie zerbrochenes Eis, ihren Chor durchschnitt:

* »Wacht auf aus eurem Schlaf und erhebt euch,/ Denn Gott ist heute Mensch geworden,/ Geboren von einer Jungfrau, ohne daß er gezeugt wurde:/ Von allen Frauen ist sie die erste und angesehenste./ Heilige Nacht, Heilige Nacht, Heilige Nacht ...«

»Gabriel from heaven-king
Sent to the maiden sweet,
Brought he this blissful tiding,
*And fair he gan her greet.«**

»Macht weiter!«, schrie der Vikar. »Das ist langsam kein Witz mehr. Macht weiter!«

Als sie sich dem menschenleeren Marktplatz näherten, konnte man ein Licht sehen, das die Brewer's Street hinaufschaukelte, über einer Ansammlung von dunklen Gestalten.

»Könnten das unsere Freunde, die Waits sein?«, erkundigte sich der Vikar mit einem garstigen Unterton. Er hob seine eigene Laterne an ihrer Stange höher und schritt energisch den Rivalen entgegen, während der Chor und das Harmonium, ohne Dirigent, sich mühsam durch »See, Amid the Winter's Snow« quälten. Emma scharrte mit ihren kalten Füßen in deren kalten Schuhen auf dem Boden und hörte auf zu singen, um genau mitzubekommen, was wohl geschehen würde. Einer nach dem anderen verstummte der Rest des Chores, als der Vikar und die Waits schließlich vor dem Woolworth aufeinandertrafen.

»Fröhliche Weihnachten«, rief der Vikar in ganz und gar nicht fröhlichem Ton. Die Sternsinger standen alle in einem Klumpen dem Vikar gegenüber. Ihre Laterne schien über ihren Köpfen, grünlich, nicht leuchtend.

»Es tut mir leid, daß es jetzt zu einer Konfrontation kommt«, sagte der Vikar, »aber wir haben euch mehrfach gewarnt. Ihr ward herzlichst eingeladen, euch zu uns zu gesellen. Außerdem stand das sogar auf Aushängen an der Kirchenpforte, im Postamt und außen bei der Polizeiwache.«

Der Anführer der Waits, ein riesiger Mann, eingewickelt in einen schweren Mantel, einen Umhang, trat einen

* »Gabriel, der vom himmlischen König/ Zu der lieblichen Jungfrau geschickt worden war,/ Brachte die herrliche Botschaft,/ Und übermittelte liebreizenden Gruß.«

Schritt nach vorn, doch noch immer sprach niemand ein Wort. Der Vikar trat zurück.

»Wir wären noch immer hocherfreut«, sagte er mit merklich weniger Entschlossenheit, »wenn Ihr euch entschließen könnten, zu unserer Truppe hinzuzustoßen, doch wenn nicht, muß ich euch eindringlich auffordern, weiterzuziehen. Es hat nicht den Anschein«, fügte er hinzu, »als ob ihr überhaupt die selben Weihnachtslieder wie wir singt. Ich bin sogar noch nicht einmal sicher«, fuhr er fort, »ob das, was ihr singt, tatsächlich Weihnachtslieder sind. Ich habe noch nie gehört, was ...«

Wie ein Mann bewegten sich die Sternsinger – vorwärts, zur Seite und verschwanden. Es sah irgendwie so aus, als wären sie in den Woolworth gegangen, aber dem konnte nicht so sein, denn Woolworth schließt um siebzehn Uhr dreißig, und es war jetzt zwanzig Minuten vor neun.

»Ich denke, das alles reicht jetzt«, sagte der Vikar nach einigen Minuten, in denen eine unangenehme Stille herrschte. »Ein Witz ist ein Witz, aber das ist kein Witz. Wer sind die?«

»Nun, wir kennen keinen von ihnen mit Namen«, sagte Paps. »Wir nennen sie einfach nur die Waits. So haben wir sie immer genannt.«

»Seit wann?«

»Seit dreizehnhundertachtundvierzig«, fuhr Mami dazwischen, »wenn Sie es genau wissen wollen.«

»Seit dem Pest-Jahr? Das ganze geht schon seit dreizehnhundertachtundvierzig so?«

»Ich hab' Ihnen ja gesagt, daß es eine Tradition ist«, sagte Paps selbstgerecht.

»Sie haben mir nicht gesagt, um was für eine Art von Tradition es sich dabei handelt. Einige dieser Weihnachtslieder sind sechshundert Jahre alt.«

»Ebenso wie die Sänger der Weihnachtslieder«, sagte Mami.

Eine lange Pause folgte. Die Pfadfinder sprangen auf verfrorenen Zehen umher.

»Unsinn«, sagte der Vikar schließlich. »Das Singen von Weihnachtsliedern, wie wir es kennen, war vor dem fünfzehnten Jahrhundert noch gar nicht bekannt. Was sagen Sie dazu?«

»Sie sind ein fortschrittlicher Haufen«, sagte Paps. »Sie haben eine ganze Menge von Neuem, Aktuellem aufgeschnappt seit ihrem T – seit der Pest. Jack Pewsey sagt, letztes Jahr habe er sie gehört, als sie »In the Bleak Midwinter« zum besten gaben, von Holst, wissen Sie. Es kümmert sie nicht wirklich, was sie singen, so lange es eine schöne Melodie hat. Der wahre Geist beim Singen von Weihnachtsliedern, sehen Sie das nicht auch so?«, fragte Paps mit einem milden Lächeln.

Weit in der Ferne, aus der Richtung von Featherstones Schiffsmotoren, erklang ein längst nicht so trotziges Auflodern eines Liedes:

»*Welcome be thou, heaven-king,*
Welcome, born in one morning,
Welcome for whom we shall sing,
Welcome Yule!«*

Es wurden keine weiteren Weihnachtslieder mehr in dieser Nacht gesungen. Es wurde überhaupt nichts mehr gesungen. Doch später, in den frühen Morgenstunden, wurde Emma durch einen fürchterlichen Lärm geweckt, der von draußen, von der Straße kam. Sie ging in das Zimmer ihrer Eltern, wo Mami und Paps in ihren Morgenmänteln beim Fenster standen und hinaus auf die Straße schauten.

»Ich hätte ihm sagen können, daß das passieren würde«, sagte Paps, als Emma hinzugeschlichen kam.

»Ja, aber ich stelle fest, daß Du es nicht getan hast«, sagte Mami.

»Es ist nicht gut, auf einen toten Hund einzuprügeln«, sagte Paps. »Dennoch, vielleicht hört er ja nächstes Jahr. Was in aller Welt haben die dort unten?«

* »Willkommen seist du, himmlischer König,/ Willkommen, geboren an einem Morgen,/ Willkommen du, für den wir singen wollen,/ Willkommen Weihnacht!«

»Nichts in aller *Welt*«, sagte Mami.

»Es hört sich an wie Metallkessel und Suppenkellen.«

»Ich nehme an, so was wird's wohl sein.«

»Ganz schön harte Musik.«

Emma schaute hinaus auf die Straße. Im Mondlicht konnte sie eine ruhig vorbeiziehende Menschenmenge erkennen. Die Leute selbst waren leise, aber sie machten ein ohrenbetäubendes Geräusch mit Töpfen und Pfannen, Zangen, Hämmern und Sicheln, die sie bei sich trugen.

»Ich glaube, du solltest morgen früh lieber noch mal mit unserem Mr. Jarvis reden«, schrie Mami, um sich bei dem Lärm verständlich zu machen.

»Meinst du, daß das nötig ist? Immerhin haben sie ihre Ansicht zum Ausdruck gebracht. Sie haben jetzt schon seit sechshundert Jahren Weihnachtslieder gesungen. Sie werden nicht damit aufhören, nur weil ein hochfrisierter Vikar beschlossen hat, Weihnachten zu organisierten wie die Landung in der Normandie.«

»Und warne ihn wegen der Sommersonnenwende.«

»Sommersonnenwende ist weder seine noch meine Angelegenheit«, sagte Paps. »Nur der liebe Gott weiß, wie lange *das* schon vor sich geht.«

Emma schlich sich in ihr Zimmer zurück. Sie lag auf ihrem Bett und hörte den Waits zu, als sie von der Kirche St. Thomas von Strang herunterkamen, um im Dorf umherzuwandeln und bis zum Morgengrauen am Tag des Heiligen Thomas harte, rauhe Musik zu spielen. Durch das Schallen von Eisen auf Eisen hörte sie Stimmen, die sich erhoben, ohne daß sie eine Melodie hätte erkennen können. Was immer sie freilich sangen, es war auf keinen Fall ein Weihnachtslied.

Autoren- und Quellennachweis

Dickens, Charles
1812 – 1870

S. 7: *Ein Weihnachtsbaum*
Ins Deutsche übertragen von Jochen Friedrich. Originaltitel: *A Christmas Tree*. Aus: Charles Dickens, Christmas Stories. (The New Oxford Illustrated Dickens, Bd. 17), Oxford University Press, London/ Oxford, 1965.

Gaskell, Elizabeth
1810 – 1865

S. 31: *Stürmische und sonnige Weihnachten*
Ins Deutsche übertragen von Bärbel Nietzold. Originaltitel: *Christmas Storms and Sunshine*. Aus: Elizabeth Gaskell, Mary Barton and other Tales (Novels and Tales by Mrs. Gaskell in seven Volumes, Bd. 5), Smith, Elder and Co., London, 1878.

Browning, Robert
1812 – 1889

S. 48: *Halbert und Hob*
Ins Deutsche übertragen von Jochen Friedrich. Originaltitel: *Halbert and Hob*. Aus: Stories from Robert Browning, hg. v. Verney Cameron Turnbull, Harrap and Co. London, 1914.

Trollope, Anthony
1816 – 1882

S. 55: *Der Mistelzweig*
Ins Deutsche übertragen von Jochen Friedrich. Originaltitel: *The Mistletoe Bough*. Aus: Anthony Trollope, The Christmas Stories (The Complete Short Stories in five Volumes, Bd. 1) Omnium Publishing, London, 1991. Erstdruck: The Christmas Supplement zu The Illustrated London News, 1861.

Thomas, Dylan
1914 – 1953

S. 86: *Erinnerungen an Weihnachten*
Ins Deutsche übertragen von Jochen Friedrich. Originaltitel: *Memories of Christmas*. Aus: Dylan Thomas, Quite Early One Morning, Dent, London, 1954.

Lee, Laurie (Laurence)
1914 – 1997

S. 95: *Weihnachtslieder-Grölen*
Ins Deutsche übertragen von Jochen Friedrich. Originaltitel: *Carol-Barking*. Aus: Laurie Lee, Cider With Rosie, Hogarth Press, London, 1959.

Miss Read
Pseudonym. Die Autorin begann nach dem Zweiten Weltkrieg mit dem Schreiben.

S. 102: *Jingle Bells*
Ins Deutsche übertragen von Bärbel Nietzold. Originaltitel: *Jingle Bells*. Aus: Miss Read, Over the Gate. Penguin Books Ltd., Harmondsworth, 1968. Erstdruck: Michael Joseph, London, 1964.

Mark, Jan (Janet Marjorie)
geb. 1943

S. 112: Willkommen, Weihnacht
Ins Deutsche übertragen von Jochen Friedrich. Originaltitel: Welcome, Yule. Aus: The Oxford Book of Christmas Stories, hg. v. Dennis Pepper, Oxford University Press, London/ Oxford, 1986.